Ihnen, lieber Herr Uhrmacher,
zugeeignet vom Verfasser mit
freundlicher Empfehlung und
mit den besten Koblenzer
Grüßen

14/12.2010

 Online-Version inklusive!

Stellen Sie dieses Buch jetzt in Ihre „digitale Bibliothek" in der NWB Datenbank und nutzen Sie Ihre Vorteile:

- Ob am Arbeitsplatz, zu Hause oder unterwegs: Die Online-Version dieses Buches können Sie jederzeit und überall da nutzen, wo Sie Zugang zu einem mit dem Internet verbundenen PC haben.
- Die praktischen Recherchefunktionen der NWB Datenbank erleichtern Ihnen die gezielte Suche nach bestimmten Inhalten und Fragestellungen.
- Die Anlage Ihrer persönlichen „digitalen Bibliothek" und deren Nutzung in der NWB Datenbank online ist kostenlos. Sie müssen dazu nicht Abonnent der Datenbank sein.

Ihr Freischaltcode: **BBKAEBRBAESIUJQSJF**

Philipps, Der Anhang nach BilMoG

So einfach geht's:

① Rufen Sie im Internet die Seite **www.nwb.de/go/online-buch** auf.
② Geben Sie Ihren Freischaltcode ein und folgen Sie dem Anmeldedialog.
③ Fertig!

Die NWB Datenbank – alle digitalen Inhalte aus unserem Verlagsprogramm in einem System.

www.nwb.de

Der Anhang nach BilMoG

Inhalt und Gestaltung im Jahresabschluss der GmbH

▶ Erläuterungen mit Beispielen
▶ Formulierungshilfen
▶ Checklisten

Von
Prof. Dr. Holger Philipps

▶nwb BRENNPUNKT

ISBN 978-3-482-**69531**-5 (online)
ISBN 978-3-482-**63571**-7 (print)

© NWB Verlag GmbH & Co. KG, Herne 2011
www.nwb.de

Alle Rechte vorbehalten.

Dieses Buch und alle in ihm enthaltenen Beiträge und Abbildungen sind urheberrechtlich geschützt. Mit Ausnahme der gesetzlich zugelassenen Fälle ist eine Verwertung ohne Einwilligung des Verlages unzulässig.

Druck: Stückle Druck und Verlag, Ettenheim

Vorwort

Das am 29. Mai 2009 in Kraft getretene Bilanzrechtsmodernisierungsgesetz (BilMoG) gilt als die größte Bilanzrechtsreform seit dem Bilanzrichtliniengesetz aus dem Jahr 1985. Gesetzgeberisches Ziel war u.a., den Informationsgehalt des Jahresabschlusses deutlich zu erhöhen. Dazu wurden im HGB zahlreiche Rechnungslegungsvorschriften gestrichen, neu gefasst und ergänzt. Insbesondere wurden notwendige Anhangangaben deutlich ausgeweitet.

Das Schrifttum zum BilMoG ist mittlerweile sehr umfangreich geworden. Darin werden betreffend den Jahresabschluss insbesondere zu Ansatz und Bewertung von Vermögensgegenständen und Schulden zahlreiche Zweifelsfragen diskutiert. Die Ausgestaltung neuer oder veränderter Anhangangaben wurde indes bislang eher selten thematisiert. Die neuen Rechnungslegungsvorschriften sind in ihrer Gesamtheit erstmals auf Jahresabschlüsse für nach dem 31. Dezember 2009 beginnende Geschäftsjahre anzuwenden. Angesichts dessen ist es an der Zeit, die Anhangthematik umfassend und praxisgerecht aufzuarbeiten.

Dieses Anliegen verfolgt das vorliegende Buch, konzentriert auf den Anhang der GmbH als zahlenmäßig stärkste Gruppe der Kapitalgesellschaften in Deutschland. Anhand einer intensiven Auswertung des vorliegenden einschlägigen Schrifttums, der Verlautbarungen von Standardsettern sowie von zum 31. Dezember 2009 bereits vorzeitig freiwillig nach den Vorschriften des BilMoG aufgestellten Jahresabschlüssen, wurden zahlreiche Erläuterungen, (Praxis-)Beispiele, Formulierungshilfen und Checklisten zur Erstellung des Anhangs der GmbH nach BilMoG erarbeitet. Es soll bilanzierenden Unternehmen in der Rechtsform der GmbH und deren Beratern durch vielfältige Anregungen und Arbeitshilfen von Nutzen sein.

Einige Vorarbeiten für das vorliegende Werk wurden an der Fachhochschule Koblenz im Rahmen von wissenschaftlichen Studien geleistet. Maßgeblich beteiligt daran waren meine ehemaligen Studierenden Gesine Bilka (M.Sc.) und Timo Schöneberg (M.Sc.), denen ich an dieser Stelle herzlich für ihr Engagement danke.

Besonders danke ich meiner lieben Frau Dagmar und meinen beiden kleinen Söhnen. Sie hatten sehr viel Verständnis dafür, dass die Zeit für sie vor allem an den Wochenenden zumeist knapp bemessen war – und sie haben mich auch sonst in jeglicher Hinsicht geduldig unterstützt. Mein Dank gilt zudem den Herren Linkemann und Kersting vom NWB Verlag für die freundliche Aufnahme und Publikation dieses Werkes als Brennpunkt, für die kritische Manuskriptdurchsicht und die stets konstruktiv kollegiale Zusammenarbeit.

Sollten trotz aller Sorgfalt bei der Erstellung dieses Werkes Irrtümer oder gar Fehler verblieben sein, gehen sie allein zu meinen Lasten. Anwenderhinweise dazu jedweder Art sind mir herzlich willkommen.

Eppstein, im Oktober 2010					Prof. Dr. Holger Philipps

Inhaltsverzeichnis

Vorwort V

Inhaltsverzeichnis VII

Abbildungsverzeichnis IX

Abkürzungsverzeichnis XI

1. Aktualität und Bedeutung des Themas 1

2. Überblick über die durch das BilMoG geänderten Anhangvorschriften 3

   2.1 Tabellarische Übersicht über die geänderten Anhangvorschriften 3

   2.2 Synoptische Darstellung der Änderungen in den Anhangangaben gemäß §§ 285 und 288 HGB 9

   2.3 Größenabhängige Auswirkungen der Änderungen in den Angabepflichten auf den Anhang der GmbH im Überblick 23

3. Erläuterungen zu den durch das BilMoG geänderten Anhangvorschriften 29

   3.1 Neue Anhangangaben für kleine GmbH 29

      3.1.1 Begründung einer Abweichung von der typisierten Nutzungsdauer beim Geschäfts- oder Firmenwert (§ 285 Nr. 13 HGB) 29

      3.1.2 Angaben zu Finanzinstrumenten (§ 285 Nr. 20 HGB) 32

      3.1.3 Angaben zu Bewertungseinheiten (§ 285 Nr. 23 HGB) 34

      3.1.4 Angaben zu Rückstellungen für Pensionen und ähnliche Verpflichtungen (§ 285 Nr. 24 HGB) 39

      3.1.5 Angaben bei zulässiger Verrechnung von Vermögensgegenständen und Schulden (§ 285 Nr. 25 HGB) 43

      3.1.6 Angaben zu Investmentanteilen (§ 285 Nr. 26 HGB) 47

      3.1.7 Angaben zu Haftungsverhältnissen (§ 285 Nr. 27 HGB) 50

      3.1.8 Angaben zu ausschüttungsgesperrten Beträgen (§ 285 Nr. 28 HGB) 53

3.1.9 Übergangsbedingte Angaben gemäß Art. 66 und 67 EGHGB sowie übergangsbedingt inhaltliche Ausfüllung bestehender Angaben 57

3.2 Ergänzende neue Anhangangaben für mittelgroße GmbH 64

3.2.1 Art und Zweck außerbilanzieller Geschäfte (§ 285 Nr. 3 HGB) 64

3.2.2 Angaben zu Finanzinstrumenten (§ 285 Nr. 19 HGB) 66

3.2.3 Angaben zu Forschungs- und Entwicklungskosten (§ 285 Nr. 22 HGB) 67

3.2.4 Angaben zum Abschlussprüferhonorar (§ 285 Nr. 17 HGB) 68

3.3 Ergänzende neue Anhangangaben für große GmbH 69

3.3.1 Risiken und Vorteile außerbilanzieller Geschäfte (§ 285 Nr. 3 HGB) 69

3.3.2 Angaben zum Abschlussprüferhonorar (§ 285 Nr. 17 HGB) 81

3.3.3 Angaben zu nahe stehenden Unternehmen und Personen (§ 285 Nr. 21 HGB) 86

3.3.4 Angaben zu latenten Steuern (§ 285 Nr. 29 HGB) 99

4. Checklisten für die Erstellung des Anhangs nach BilMoG 107

4.1 Checkliste für den Anhang der kleinen GmbH 107

4.2 Checkliste für den Anhang der mittelgroßen GmbH 121

4.3 Checkliste für den Anhang der großen GmbH 140

5. Zusammenfassung und Ausblick 161

Literaturverzeichnis 163

Stichwortverzeichnis 169

Abbildungsverzeichnis

ABB. 1: Tabellarische Übersicht über die durch das BilMoG im HGB und EGHGB geänderten Anhangvorschriften 3

ABB. 2: Synoptische Gegenüberstellung der in § 285 HGB geänderten Anhangvorschriften 9

ABB. 3: Synoptische Gegenüberstellung der größenabhängigen Erleichterungen bei Anwendung der Anhangvorschriften des § 285 HGB 21

ABB. 4: Von kleinen GmbH zu beachtende neue oder geänderte Anhangvorschriften gemäß § 285 HGB 23

ABB. 5: Von GmbH aufgrund des BilMoG zu beachtende übergangsbedingte Anhangangaben nach EGHGB 24

ABB. 6: Von mittelgroßen GmbH zu beachtende neue oder geänderte Anhangvorschriften gemäß § 285 HGB 26

ABB. 7: Von großen GmbH zu beachtende neue oder geänderte Anhangvorschriften gemäß § 285 HGB 28

ABB. 8: Beispiel zur Darstellung der Angaben nach § 285 Nr. 23 HGB im Anhang 37

ABB. 9: Angaben zum Posten „Aktiver Unterschiedsbetrag aus der Vermögensverrechnung" im Anhang, Praxisbeispiel 44

ABB. 10: Angaben zu den Rückstellungen für Pensionen im Anhang nach Verrechnung mit Vermögensgegenständen, Praxisbeispiel 45

ABB. 11: Angaben zum Posten „Aktiver Unterschiedsbetrag aus der Vermögensverrechnung" im Anhang, Praxisbeispiel 2 46

ABB. 12: Beispiel zur Darstellung der Angaben nach § 285 Nr. 26 HGB im Anhang 49

ABB. 13: Angaben zu Investmentanteilen im Anhang, Praxisbeispiel 50

ABB. 14: Prüfschema zu § 285 Nr. 3 HGB – Anwendungsvoraussetzungen und Rechtsfolgen für die mittelgroße und große GmbH 74

ABB. 15: Angaben zum Abschlussprüferhonorar im Anhang, Praxisbeispiel 85

ABB. 16: Prüfschema zu § 285 Nr. 21 HGB – Anwendungsvoraussetzungen und Rechtsfolgen für die große GmbH 94

ABB. 17: Beispiel zur Darstellung der Angaben nach § 285 Nr. 21 HGB im Anhang 95

ABB. 18 Angaben zu Geschäften mit nahe stehenden Unternehmen und Personen im Anhang, Praxisbeispiel 98

ABB. 19: Angaben zu Geschäften mit nahe stehenden Unternehmen und Personen im Anhang, Praxisbeispiel 2 99

ABB. 20: Angaben zu latenten Steuern im Anhang, Praxisbeispiel 104

ABB. 21: Angaben zu latenten Steuern im Anhang – Praxisbeispiel zur steuerlichen Überleitungsrechnung 105

Abkürzungsverzeichnis

A.A./a.A.	anderer Auffassung
ABl.	Amtsblatt der EU
Abs.	Absatz
a.F.	alte Fassung
AG	Aktiengesellschaft
AktG	Aktiengesetz
Anm.	Anmerkung
a.o.	außerordentlich
Art.	Artikel
BB	Betriebs-Berater (Zeitschrift)
BBK	Buchführung, Bilanzierung, Kostenrechnung (Zeitschrift)
BDI	Bundesverband der Deutschen Industrie
BeckBilKom	Beck'scher Bilanzkommentar
BFA	Bankenfachausschuss
BilMoG	Gesetz zur Modernisierung des Bilanzrechts (Bilanzrechtsmodernisierungsgesetz – BilMoG) vom 25. Mai 2009, BGBl. I 2009 S. 1102 - 1137
BR	Bundesrat
BRZ	Zeitschrift für Bilanzierung und Rechnungswesen (Zeitschrift)
BT	Bundestag
DB	Der Betrieb (Zeitschrift)
DIHK	Deutscher Industrie- und Handelskammertag
DRSC	Deutsches Rechnungslegungs Standard Committee e.V.
Drucks.	Drucksache
DSR	Deutscher Standardisierungsrat

DStR	Deutsches Steuerrecht (Zeitschrift)
EGHGB	Einführungsgesetz zum Handelsgesetzbuch
ERS	Entwurf eines Rechnungslegungsstandards
EStG	Einkommensteuergesetz
EU	Europäische Union
GewSt	Gewerbesteuer
glA	gleicher Auffassung
GmbH	Gesellschaft mit beschränkter Haftung
GmbHG	Gesetz betreffend die Gesellschaften mit beschränkterHaftung
GuV	Gewinn- und Verlustrechnung
HFA	Hauptfachausschuss des IDW
HGB	Handelsgesetzbuch
IAS	International Accounting Standards
i.d.F.	in der Fassung
IDW	Institut der Wirtschaftsprüfer in Deutschland e.V.
IFRS	International Financial Reporting Standards
InvG	Investmentgesetz
i.S.d.	im Sinn des
KSt	Körperschaftsteuer
m.w.N.	mit weiteren Nachweisen
n.F.	neue Fassung
Nr.	Nummer
NWB	Neue Wirtschaftsbriefe (Zeitschrift)
o.g.	oben genannte
p.a.	per annum

RechKredV	Verordnung über die Rechnungslegung von Kreditinstituten (Kreditinstituts Rechnungslegungsverordnung)
RechVersV	Verordnung über die Rechnungslegung von Versicherungsunternehmen (Versicherungsunternehmens-Rechnungslegungsverordnung)
Ref-E	Referentenentwurf
Reg-E	Regierungsentwurf
RS	Rechnungslegungsstandard des IDW
S.	Seite
s.o.	siehe oben
SolZ	Solidaritätszuschlag
StuB	Steuern und Bilanzen (Zeitschrift)
u.a.	unter anderem
UGB	Unternehmensgesetzbuch (Österreich)
vgl.	vergleiche
WPg	Die Wirtschaftsprüfung (Zeitschrift)
WpHG	Wertpapierhandelsgesetz
WPK	Wirtschaftsprüferkammer
z.B.	zum Beispiel
ZKA	Zentraler Kreditausschuss

1. Aktualität und Bedeutung des Themas

Mit dem Bilanzrechtsmodernisierungsgesetz[1] (BilMoG) wurde eine Vielzahl handelsrechtlicher Rechnungslegungsvorschriften im HGB und EGHGB durch Streichungen, inhaltliche Anpassungen oder neue Einfügungen geändert[2], insbesondere auch die Vorschriften für den Anhang als Teil des Jahresabschlusses. Die Vorschriften sind in ihrer Gesamtheit erstmals im Jahresabschluss für das nach dem 31.12.2009 beginnende Geschäftsjahr anzuwenden.

Aufgrund beabsichtigter Stärkung der Informationsfunktion des Jahresabschlusses wurden die für den Anhang normierten Informationsanforderungen deutlich ausgeweitet. Dabei sind größenabhängige Erleichterungen kodifiziert. Die geänderten Anhangvorschriften sind inhaltlich zum Teil stark konkretisierungsbedürftig.

Bilanzierende Unternehmen stehen damit in mehrfacher Hinsicht vor besonderen Herausforderungen. Sie müssen vor allem wissen,

▶ welche neuen Anhangvorschriften für sie maßgebend sind,

▶ welche Informationsanforderungen diese neuen Anhangvorschriften mit sich bringen,

▶ ob und wenn ja, welche größenabhängigen Erleichterungen die neuen Anhangvorschriften vorsehen,

▶ welche Informationen dann genau im Anhang zu geben sind und

▶ durch welche beispielhaften Formulierungen diese Informationen in den Anhang aufgenommen werden können.

Das vorliegende Werk bereitet alle diese Aspekte, konzentriert auf den Anhang der GmbH als zahlenmäßig stärkste Gruppe der Kapitalgesellschaften in Deutschland, nach einer kurzen Übersicht über die geänderten Anhangvorschriften (Abschnitt 2) durch

---

[1] Vgl. Gesetz zur Modernisierung des Bilanzrechts (Bilanzrechtsmodernisierungsgesetz – BilMoG), BGBl. 2009, Teil I Nr. 27, ausgegeben am 28.5.2009, S. 1102-1137. Sofern die angegebenen Quellen auch im Internet abrufbar sind, werden die jeweiligen Adressen im Literaturverzeichnis angegeben.

[2] Vgl. dazu ausführlich *Philipps, H.*: Rechnungslegung nach BilMoG, Wiesbaden 2010 sowie *Gelhausen, H./Fey, G./Kämpfer, G.*: Rechnungslegung und Prüfung nach dem Bilanzrechtsmodernisierungsgesetz, Düsseldorf 2009 und *Kessler, H./Leinen, M./Strickmann, M.*: Handbuch BilMoG, 2. Aufl., Freiburg 2010.

zahlreiche Erläuterungen, Beispiele, Formulierungshilfen (Abschnitt 3) und Checklisten (Abschnitt 4) umfassend und praxisgerecht auf. Es soll damit bilanzierenden Unternehmen in der Rechtsform der GmbH und deren Beratern vielfältige Anregungen und Arbeitshilfen für die Erstellung des Anhangs nach den durch das BilMoG geänderten Vorschriften bieten.

2. Überblick über die geänderten Anhangvorschriften

2.1 Tabellarische Übersicht über die geänderten Anhangvorschriften

In der folgenden Übersicht sind die durch das BilMoG im HGB und im EGHGB geänderten Anhangvorschriften mit der Art der Änderung sowie ihren sachlichen und zeitlichen Anwendungsregelungen aufgelistet:

Vorschrift (HGB)	Art der Änderung	Zeitliche Anwendung*	Gesonderte sachliche Übergangsregelung? (EGHGB)
§ 277 Abs. 3	Neufassung	2	nein
§ 277 Abs. 4	Neufassung	2	nein
§ 285 Nr. 2	Neufassung	2	nein
§ 285 Nr. 3	Einfügung	1	nein
§ 285 Nr. 3a	Verschiebung	1	nein
§ 285 Nr. 5	Aufhebung	2	nein
§ 285 Nr. 13	Neufassung	2	nein
§ 285 Nr. 16	Neufassung	1	nein
§ 285 Nr. 17	Neufassung	1	nein
§ 285 Nr. 18	Verschiebung	2	nein
§ 285 Nr. 19	Verschiebung und Neufassung	2	nein
§ 285 Nr. 20	Einfügung	2	nein
§ 285 Nr. 21	Einfügung	1	nein
§ 285 Nr. 22	Einfügung	2	nein
§ 285 Nr. 23	Einfügung	2	nein
§ 285 Nr. 24	Einfügung	2	nein
§ 285 Nr. 25	Einfügung	2	nein
§ 285 Nr. 26	Einfügung	2	nein
§ 285 Nr. 27	Einfügung	2	nein

Vorschrift (HGB)	Art der Änderung	Zeitliche Anwendung*	Gesonderte sachliche Übergangsregelung? (EGHGB)
§ 285 Nr. 28	Einfügung	2	nein
§ 285 Nr. 29	Einfügung	2	nein
§ 286	redaktionelle Anpassung	2	nein
§ 288	Neufassung	2; z. T. 1	nein
§ 269 Satz 1a. F.	Aufhebung	3	Art. 67 Abs. 5 Satz 1
§ 273 a. F.	Aufhebung	3	Art. 67 Abs. 3 Satz 1
§ 280 Abs. 3 a. F.	Aufhebung	3	nein
§ 281 Abs. 1 Satz 2 a. F.	Aufhebung	3	nein
§ 281 Abs. 2 Satz 2 a. F.	Aufhebung	3	Art. 67 Abs. 3 Satz 1 (betreffend Erträge aus der Auflösung von Posten nach § 273 HGB a. F.)
§ 287 a. F.	Aufhebung	3	nein
Übergangsbezogene Vorschriften (EGHGB)			
Art. 66 Abs. 3 Satz 6	Einfügung	1	nein
Art. 67 Abs. 1 Satz 4	Einfügung	2	nein
Art. 67 Abs. 2	Einfügung	2	nein
Art. 67 Abs. 8 Satz 2	Einfügung	2	nein

* 1 = Erstmalige Anwendung in Jahresabschlüssen für Geschäftsjahre, die nach dem 31. 12. 2008 beginnen (Art. 66 Abs. 2 EGHGB); diese Vorschriften basieren auf entsprechend neuen europarechtlichen Vorgaben.[3]

2 = Erstmalige Anwendung in Jahresabschlüssen für Geschäftsjahre, die nach dem 31. 12. 2009 beginnen (Art. 66 Abs. 3 EGHGB).

3 = Letztmalige Anwendung in Jahresabschlüssen für Geschäftsjahre, die vor dem 1. 1. 2010 beginnen (Art. 66 Abs. 5 EGHGB).

ABB. 1: Tabellarische Übersicht über die durch das BilMoG im HGB und EGHGB geänderten Anhangvorschriften

---

[3] Vgl. dazu Philipps, H.: Rechnungslegung nach BilMoG, Wiesbaden 2010, S. 249-252, S. 257-261 und S. 268-270 sowie Wiechers, K.: Auswirkungen des BilMoG auf den Anhang, in: BBK 2009, S. 1222-1225.

2.1 Tabellarische Übersicht über die geänderten Anhangvorschriften

Innerhalb des § 277 HGB wurden betreffend die Anhangvorschriften Satz 1 in Abs. 3 und Satz 3 in Abs. 4 neu gefasst. Mit der Neufassung des § 277 Abs. 3 Satz 1 HGB wird einerseits die Streichung von bisherigen Abschreibungswahlrechten in § 253 HGB berücksichtigt.[4] Andererseits wird damit die Angabepflicht für nicht in der Gewinn- und Verlustrechnung gesondert ausgewiesene außerplanmäßige Abschreibungen auf solche beschränkt, die bei Gegenständen des Anlagevermögens vorgenommen wurden. Mit der Neufassung des § 277 Abs. 4 Satz 3 HGB wird klar gestellt, dass im Anhang alle periodenfremden Aufwendungen und Erträge zu erläutern sind, ungeachtet dessen, ob sie ordentlichen oder außerordentlichen Charakter haben.[5]

In § 285 HGB sind die zentralen Änderungen für in den Anhang aufzunehmende Änderungen enthalten. Die Vorschrift wurde inhaltlich und strukturell neu gefasst und dabei wesentlich erweitert. Diese Neufassung führte auch zu einer Neufassung der in § 288 HGB kodifizierten größenabhängigen Erleichterungen für die Angaben nach § 285 HGB. Beide Vorschriften sind Hauptgegenstand der in diesem Werk noch folgenden Erläuterungen.

Innerhalb des § 286 HGB wurden die Verweise auf § 285 HGB infolge dessen neuer Struktur angepasst und in Abs. 3 Satz 3 die bisherige Beschreibung des Begriffs „kapitalmarktorientierte Kapitalgesellschaft" durch Verweis auf die in § 264d HGB neu eingeführte Legaldefinition dieses Begriffs abgelöst. Auf die bisherigen Inhalte des Anhangs ergeben sich daraus indes keine materiellen Auswirkungen.

Aufgrund Streichung des bisherigen § 287 HGB a. F. sind die nach § 285 Nr. 11 und Nr. 11a HGB geforderten Angaben zum Anteilsbesitz künftig stets in den Anhang aufzunehmen. Im Rahmen des Gesetzgebungsverfahrens wurde angeregt, die bisher alternative Möglichkeit zur Aufstellung einer gesonderten Anteilsbesitzliste beizubehalten, da vor allem bei großen Unternehmen mit einer Vielzahl von Beteiligungen die Übersichtlichkeit und Lesbarkeit des Anhangs beeinträchtigt werden kann.[6] Der Gesetzgeber hat diese Anregung nicht aufgegriffen. Die Aufstellung einer gesonderten

---

[4] Vgl. *Philipps, H.:* Rechnungslegung nach BilMoG, Wiesbaden 2010, S. 113 f.

[5] Vgl. Bundesregierung, Entwurf eines Gesetzes zur Modernisierung des Bilanzrechts (Bilanzrechtsmodernisierungsgesetz – BilMoG), BT-Drucks. 16/10067 vom 30. 7. 2008, S. 68 (im Folgenden: BT-Drucks. 16/10067).

[6] Vgl. u. a. *DIHK* und *BDI:* Stellungnahme vom 29. 8. 2008 zum BilMoG Reg-E, S. 12.

Anteilsbesitzliste außerhalb des Anhangs lässt sich demnach gesetzlich nicht mehr begründen.[7]

In ihrer Gesamtheit sind die geänderten Anhangvorschriften in Jahresabschlüssen für nach dem **31.12.2009** beginnende Geschäftsjahre anzuwenden. Aufgehobene Anhangvorschriften gelten dann nicht mehr, es sei denn, im EGHGB sind gesonderte sachliche Übergangsregelungen kodifiziert. Im Zusammenhang mit den Anhangangaben des HGB sind insoweit zwei Fälle einschlägig: Im Übergangszeitpunkt aktivierte Aufwendungen für die Ingangsetzung und Erweiterung des Geschäftsbetriebs (**§ 269 HGB a. F.**) dürfen fortgeführt, passivierte Sonderposten mit Rücklageanteil (**§ 273 i. V. m. § 247 Abs. 3 HGB a. F.**) beibehalten werden. In beiden Fällen gelten die für sie bislang bestehenden Angabepflichten im Anhang bis zur vollständigen Abwicklung dieser Posten unverändert weiter. Für beibehaltene Sonderposten mit Rücklageanteil ist somit auch die Angabe von Auflösungsbeträgen (**§ 281 Abs. 2 Satz 2 HGB a. F.**) weiter zu beachten.

Grundsätzlich sind alle vorstehend aufgeführten Änderungen im Zeitpunkt ihrer erstmaligen Anwendung **retrospektiv** zu behandeln. D. h., sie sind auch auf zum jeweiligen Bilanzstichtag bereits bestehende bzw. verwirklichte Sachverhalte zu beziehen. Ausnahmen von diesem Grundsatz gelten wie bereits genannt nur für die Fälle der Beibehaltung aktivierter Aufwendungen für Ingangsetzung und Erweiterung des Geschäftsbetriebs sowie für fortgeführte, passivierte Sonderposten mit Rücklageanteil.

Neben den im HGB geänderten Anhangvorschriften wurden durch das BilMoG auch in das **EGHGB** einzelne neue Anhangvorschriften eingefügt. Sie beziehen sich auf rein übergangsbedingte Aspekte. Nach **Art. 66 Abs. 3 Satz 6 EGHGB** ist die freiwillige Aufstellung des Jahresabschlusses nach den durch das BilMoG geänderten Vorschriften bereits im nach dem 31.12.2008 beginnenden Geschäftsjahr insgesamt zulässig und dann im Anhang anzugeben. Sofern einschlägig, ist diese Angabe nur im Jahr des Übergangs aufzunehmen. Die freiwillig vorzeitige Anwendung der Rechnungslegung nach BilMoG führt dazu, dass auch diejenigen Anhangvorschriften, die sonst erst für nach dem 31.12.2009 beginnende Geschäftsjahre anzuwenden sind – in Abbildung 1, Spalte „Zeitliche Anwendung" mit „2" benannt –, bereits ein Jahr früher beachtet werden müssen. In der Praxis wurde die Möglichkeit zur freiwillig vorzeitigen Anwendung der durch das BilMoG geänderten Rechnungslegungsvorschriften nur vereinzelt genutzt.[8]

---

[7] Vgl. *Philipps, H.*: Rechnungslegung nach BilMoG, Wiesbaden 2010, S. 295.

[8] Vgl. etwa Jahresabschluss der *Bayer AG*: Leverkusen, zum 31.12.2009 sowie die in Abschnitt 3 aufgeführten Praxisbeispiele.

2.1 Tabellarische Übersicht über die geänderten Anhangvorschriften

Auch die Angabe nach **Art. 67 Abs. 8** EGHGB ist nur im Jahr des Übergangs auf die neue Rechnungslegung nach BilMoG in den Anhang aufzunehmen. Sofern einschlägig, umfasst sie den Hinweis, dass die anzugebenden Vorjahreszahlen nicht angepasst wurden.

Die Angaben nach **Art. 67 Abs. 1** EGHGB beziehen sich auf eine Überdeckung bei Rückstellungen, die Angaben nach **Art. 67 Abs. 2** EGHGB auf eine Unterdeckung bei Rückstellungen für Pensionen. Sie sind nicht einmaliger Natur, sondern jährlich über den gesamten Zeitraum in den Anhang aufzunehmen, über den die jeweiligen Sachverhalte verwirklicht werden.

Nicht in der vorstehenden Abbildung 1 genannte Anhangangaben wurden im Rahmen des BilMoG gegenüber der vorherigen Fassung des HGB nicht verändert. Sie sind daher sachlich und zeitlich wie bisher anzuwenden. Gleichwohl ergeben sich daraus für einzelne Angaben bei der Aufstellung des Jahresabschlusses nach den durch das BilMoG geänderten Rechnungslegungsvorschriften **Besonderheiten:**

- Art. 67 Abs. 8 EGHGB bestimmt, dass §§ 265 Abs. 1 und 284 Abs. 2 Nr. 3 HGB im Übergangsjahr nicht anzuwenden sind. D. h., aus dem Übergang auf die durch das BilMoG geänderten Rechnungslegungsvorschriften resultierende **Änderungen der Gliederung** aufeinander folgender Bilanzen und Gewinn- und Verlustrechnungen sowie **Änderungen der Bilanzierungs- und Bewertungsmethoden** im ersten, nach diesen Vorschriften erstellten Jahresabschluss, sind zulässig und erfordern keinen Hinweis im Anhang, müssen also darin zwecks Erleichterung[9] weder begründet noch angegeben werden. Eine freiwillige Anwendung des § 284 Abs. 2 Nr. 3 HGB im Übergangsfall ist indes gesetzlich nicht ausgeschlossen.

Beispiele für gemäß Art. 67 Abs. 8 EGHGB nicht im Anhang transparent zu machende, durch das BilMoG induzierte Änderungen von Bilanzierungs- und Bewertungsmethoden sind:

Aktivierung selbst erstellter immaterieller Vermögensgegenstände des Anlagevermögens, Aktivierung eines Geschäfts- oder Firmenwertes, Aktivierung latenter Steuern, Saldierung von Pensionsrückstellungen mit Zweckvermögen, Bewertung bestimmter Vermögensgegenstände zum beizulegenden Zeitwert, Bildung von Bewertungseinheiten, Bewertung von Vorräten (Ermittlung der Herstellungskosten und Anwendung von Bewertungsvereinfachungsverfahren) sowie Bewertung von Pensionsrückstellungen und anderen Rückstellungen.

---

[9] Vgl. BT-Drucks. 16/10067, S. 99.

Soweit anlässlich des Übergangs auf die Rechnungslegungsvorschriften nach dem BilMoG Bilanzierungs- und/oder Bewertungsmethoden geändert werden, ohne dass die jeweilige Änderung durch das BilMoG induziert wird – z. B. Änderung der Abschreibungsmethode –, ist § 284 Abs. 2 Nr. 3 HGB uneingeschränkt anzuwenden.

- Art. 67 Abs. 7 bestimmt, dass Aufwendungen und Erträge aus der Anwendung der Übergangsvorschriften in Art. 66 und 67 Abs. 1-5 EGHGB in der Gewinn- und Verlustrechnung unter den **Posten „außerordentliche Aufwendungen" und „außerordentliche Erträge"** gesondert anzugeben sind. Diese Posten werden damit durch die Umstellung auf die durch das BilMoG im Jahresabschluss geänderten Rechnungslegungsvorschriften über die Dauer der Anwendung der genannten Übergangsvorschriften systematisch belegt sein und gemäß § 277 Abs. 4 Satz 2 HGB im Anhang erläutert werden müssen.

- § 284 Abs. 2 Nr. 1 HGB verlangt, die im Jahresabschluss **angewendeten Bilanzierungs- und Bewertungsmethoden** anzugeben. Infolge der umfassenden Änderungen bei den Bilanzierungs- und Bewertungsmethoden durch das BilMoG wird diese Angabe im Übergangsjahr inhaltlich neu formuliert werden müssen.

Die inhaltlich bedeutendsten Änderungen innerhalb der Anhangvorschriften sind in den **§§ 285 und 288 HGB** enthalten. Diese Änderungen werden in den folgenden Abschnitten 2.2 und 2.3 zunächst strukturell und synoptisch sowie größenbezogen geordnet skizziert. Im anschließenden Abschnitt 3. werden sie sodann ausführlich erläutert und veranschaulicht.

2.2 Synoptische Darstellung der Änderungen in den Anhangangaben gemäß §§ 285 und 288 HGB

Mit den Änderungen in den §§ 285 und 288 HGB werden die Kernnorm für die Angabepflichten im Anhang inhaltlich neu gefasst und wesentlich erweitert sowie die größenabhängigen Erleichterungen dabei umfassend neu geregelt.

Änderungen in § 285 HGB ergaben sich durch Wortlautänderungen bestehender Angabepflichten, durch Hinzufügung neuer Angabepflichten und durch Verlagerung der in den bisherigen Sätzen 2-6 kodifizierten Regelungen an andere Stellen. Dazu führt die Gesetzesbegründung aus[10]: „Die Aufhebung des Satzes 2 begründet keine sachliche Änderung. ... Die Aufhebung der Sätze 3-5 folgt aus der Ergänzung des § 255 Abs. 4 HGB um die Vorschriften zur Ermittlung des beizulegenden Zeitwertes. Die Aufhebung des § 285 Satz 6 HGB ist Folge der Aufnahme dieser Vorschrift in die Nr. 19 des § 285 HGB."

Nach der entsprechenden Überarbeitung und Neufassung besteht der neue § 285 HGB nur noch aus **einem Satz**, enthält aber nun **29 statt bisher 19 Nummern**. Dies zieht redaktionelle Anpassungen solcher Vorschriften nach sich, die auf § 285 HGB Bezug nehmen bzw. verweisen. Dazu gehört insbesondere auch die Vorschrift des **§ 288 HGB**, die nun **erweiterte größenabhängige Erleichterungen** bezüglich der Anwendung des § 285 HGB kodifiziert. Die Änderungen innerhalb der Regelungen dieser beiden Vorschriften sind im Einzelnen einschließlich ihrer zeitlichen Anwendungsvorgaben aus der nachfolgenden synoptischen Gegenüberstellung ersichtlich; geänderte Vorschriften sind im Fettdruck hervorgehoben:

§ 285 Sonstige Pflichtangaben	
HGB i. d. F. vor BilMoG	**HGB i. d. F. nach BilMoG**
¹Ferner sind im Anhang anzugeben:	¹Ferner sind im Anhang anzugeben:
1. zu den in der Bilanz ausgewiesenen Verbindlichkeiten	1. zu den in der Bilanz ausgewiesenen Verbindlichkeiten
a) der Gesamtbetrag der Verbindlichkeiten mit einer Restlaufzeit von mehr als fünf Jahren,	a) der Gesamtbetrag der Verbindlichkeiten mit einer Restlaufzeit von mehr als fünf Jahren,

---

[10] Vgl. BT-Drucks. 16/10067, S. 75.

§ 285 Sonstige Pflichtangaben	
HGB i. d. F. vor BilMoG	HGB i. d. F. nach BilMoG
b) der Gesamtbetrag der Verbindlichkeiten, die durch Pfandrechte oder ähnliche Rechte gesichert sind, unter Angabe von Art und Form der Sicherheiten;	b) der Gesamtbetrag der Verbindlichkeiten, die durch Pfandrechte oder ähnliche Rechte gesichert sind, unter Angabe von Art und Form der Sicherheiten;
2. die Aufgliederung der in Nummer 1 verlangten Angaben für jeden Posten der Verbindlichkeiten nach dem vorgeschriebenen Gliederungsschema, sofern sich diese Angaben nicht aus der Bilanz ergeben;	2. die Aufgliederung der in Nummer 1 verlangten Angaben für jeden Posten der Verbindlichkeiten nach dem vorgeschriebenen Gliederungsschema;
3. der Gesamtbetrag der sonstigen finanziellen Verpflichtungen, die nicht in der Bilanz erscheinen und auch nicht nach § 251 anzugeben sind, sofern diese Angabe für die Beurteilung der Finanzlage von Bedeutung ist; davon sind Verpflichtungen gegenüber verbundenen Unternehmen gesondert anzugeben;	3. Art und Zweck sowie Risiken und Vorteile von nicht in der Bilanz enthaltenen Geschäften, soweit dies für die Beurteilung der Finanzlage notwendig ist;
	3a. der Gesamtbetrag der sonstigen finanziellen Verpflichtungen, die nicht in der Bilanz enthalten und nicht nach § 251 oder Nummer 3 anzugeben sind, sofern diese Angabe für die Beurteilung der Finanzlage von Bedeutung ist; davon sind Verpflichtungen gegenüber verbundenen Unternehmen gesondert anzugeben;
4. die Aufgliederung der Umsatzerlöse nach Tätigkeitsbereichen sowie nach geographisch bestimmten Märkten, soweit sich, unter Berücksichtigung der Organisation des Verkaufs von für die gewöhnliche Geschäftstätigkeit der Kapitalgesellschaft typischen Erzeugnissen und der für die gewöhnliche Geschäftstätigkeit der Kapitalgesellschaft typischen Dienstleistungen, die Tätigkeitsbereiche und geographisch bestimmten Märkte untereinander erheblich unterscheiden;	4. die Aufgliederung der Umsatzerlöse nach Tätigkeitsbereichen sowie nach geographisch bestimmten Märkten, soweit sich, unter Berücksichtigung der Organisation des Verkaufs von für die gewöhnliche Geschäftstätigkeit der Kapitalgesellschaft typischen Erzeugnissen und der für die gewöhnliche Geschäftstätigkeit der Kapitalgesellschaft typischen Dienstleistungen, die Tätigkeitsbereiche und geographisch bestimmten Märkte untereinander erheblich unterscheiden;

2.2 Synoptische Darstellung der Änderungen in den §§ 285 und 288 HGB

§ 285 Sonstige Pflichtangaben	
HGB i. d. F. vor BilMoG	**HGB i. d. F. nach BilMoG**
5. das Ausmaß, in dem das Jahresergebnis dadurch beeinflusst wurde, dass bei Vermögensgegenständen im Geschäftsjahr oder in früheren Geschäftsjahren Abschreibungen nach §§ 254, 280 Abs. 2 aufgrund steuerrechtlicher Vorschriften vorgenommen oder beibehalten wurden oder ein Sonderposten nach § 273 gebildet wurde; ferner das Ausmaß erheblicher künftiger Belastungen, die sich aus einer solchen Bewertung ergeben;	5. (aufgehoben)
6. in welchem Umfang die Steuern vom Einkommen und vom Ertrag das Ergebnis der gewöhnlichen Geschäftstätigkeit und das außerordentliche Ergebnis belasten;	6. in welchem Umfang die Steuern vom Einkommen und vom Ertrag das Ergebnis der gewöhnlichen Geschäftstätigkeit und das außerordentliche Ergebnis belasten;
7. die durchschnittliche Zahl der während des Geschäftsjahrs beschäftigten Arbeitnehmer getrennt nach Gruppen;	7. die durchschnittliche Zahl der während des Geschäftsjahrs beschäftigten Arbeitnehmer getrennt nach Gruppen;
8. bei Anwendung des Umsatzkostenverfahrens (§ 275 Abs. 3)	8. bei Anwendung des Umsatzkostenverfahrens (§ 275 Abs. 3)
a) der Materialaufwand des Geschäftsjahrs, gegliedert nach § 275 Abs. 2 Nr. 5,	a) der Materialaufwand des Geschäftsjahrs, gegliedert nach § 275 Abs. 2 Nr. 5,
b) der Personalaufwand des Geschäftsjahrs, gegliedert nach § 275 Abs. 2 Nr. 6;	b) der Personalaufwand des Geschäftsjahrs, gegliedert nach § 275 Abs. 2 Nr. 6;
9. für die Mitglieder des Geschäftsführungsorgans, eines Aufsichtsrats, eines Beirats oder einer ähnlichen Einrichtung jeweils für jede Personengruppe	9. für die Mitglieder des Geschäftsführungsorgans, eines Aufsichtsrats, eines Beirats oder einer ähnlichen Einrichtung jeweils für jede Personengruppe
a) die für die Tätigkeit im Geschäftsjahr gewährten Gesamtbezüge (Gehälter, Gewinnbeteiligungen, Bezugsrechte und sonstige aktienbasierte Vergütungen, Aufwandsentschädigungen, Versicherungsentgelte, Provisionen und Nebenleis-	a) die für die Tätigkeit im Geschäftsjahr gewährten Gesamtbezüge (Gehälter, Gewinnbeteiligungen, Bezugsrechte und sonstige aktienbasierte Vergütungen, Aufwandsentschädigungen, Versicherungsentgelte, Provisionen und Neben-

§ 285 Sonstige Pflichtangaben	
HGB i. d. F. vor BilMoG	HGB i. d. F. nach BilMoG
tungen jeder Art). ²In die Gesamtbezüge sind auch Bezüge einzurechnen, die nicht ausgezahlt, sondern in Ansprüche anderer Art umgewandelt oder zur Erhöhung anderer Ansprüche verwendet werden. ³Außer den Bezügen für das Geschäftsjahr sind die weiteren Bezüge anzugeben, die im Geschäftsjahr gewährt, bisher aber in keinem Jahresabschluss angegeben worden sind. ⁴Bezugsrechte und sonstige aktienbasierte Vergütungen sind mit ihrer Anzahl und dem beizulegenden Zeitwert zum Zeitpunkt ihrer Gewährung anzugeben; spätere Wertveränderungen, die auf einer Änderung der Ausübungsbedingungen beruhen, sind zu berücksichtigen.⁵ Bei einer börsennotierten Aktiengesellschaft sind zusätzlich unter Namensnennung die Bezüge jedes einzelnen Vorstandsmitglieds, aufgeteilt nach erfolgsunabhängigen und erfolgsbezogenen Komponenten sowie Komponenten mit langfristiger Anreizwirkung, gesondert anzugeben.⁶ Dies gilt auch für Leistungen, die dem Vorstandsmitglied für den Fall der Beendigung seiner Tätigkeit zugesagt worden sind.⁷ Hierbei ist der wesentliche Inhalt der Zusagen darzustellen, wenn sie in ihrer rechtlichen Ausgestaltung von den den Arbeitnehmern erteilten Zusagen nicht unerheblich abweichen.⁸ Leistungen, die dem einzelnen Vorstandsmitglied von einem Dritten im Hinblick auf seine Tätigkeit als Vorstandsmitglied zugesagt oder im Geschäftsjahr gewährt worden sind, sind ebenfalls anzugeben.⁹ Enthält der Jahresabschluss weitergehende Angaben zu bestimmten Bezügen, sind auch diese zusätzlich einzeln anzugeben;	leistungen jeder Art). ²In die Gesamtbezüge sind auch Bezüge einzurechnen, die nicht ausgezahlt, sondern in Ansprüche anderer Art umgewandelt oder zur Erhöhung anderer Ansprüche verwendet werden. ³Außer den Bezügen für das Geschäftsjahr sind die weiteren Bezüge anzugeben, die im Geschäftsjahr gewährt, bisher aber in keinem Jahresabschluss angegeben worden sind. ⁴Bezugsrechte und sonstige aktienbasierte Vergütungen sind mit ihrer Anzahl und dem beizulegenden Zeitwert zum Zeitpunkt ihrer Gewährung anzugeben; spätere Wertveränderungen, die auf einer Änderung der Ausübungsbedingungen beruhen, sind zu berücksichtigen.⁵ Bei einer börsennotierten Aktiengesellschaft sind zusätzlich unter Namensnennung die Bezüge jedes einzelnen Vorstandsmitglieds, aufgeteilt nach erfolgsunabhängigen und erfolgsbezogenen Komponenten sowie Komponenten mit langfristiger Anreizwirkung, gesondert anzugeben.⁶ Dies gilt auch für Leistungen, die dem Vorstandsmitglied für den Fall der Beendigung seiner Tätigkeit zugesagt worden sind.⁷ Hierbei ist der wesentliche Inhalt der Zusagen darzustellen, wenn sie in ihrer rechtlichen Ausgestaltung von den den Arbeitnehmern erteilten Zusagen nicht unerheblich abweichen. ⁸Leistungen, die dem einzelnen Vorstandsmitglied von einem Dritten im Hinblick auf seine Tätigkeit als Vorstandsmitglied zugesagt oder im Geschäftsjahr gewährt worden sind, sind ebenfalls anzugeben. ⁹Enthält der Jahresabschluss weitergehende Angaben zu bestimmten Bezügen, sind auch diese zusätzlich einzeln anzugeben;

§ 285 Sonstige Pflichtangaben

HGB i. d. F. vor BilMoG	HGB i. d. F. nach BilMoG
b) die Gesamtbezüge (Abfindungen, Ruhegehälter, Hinterbliebenenbezüge und Leistungen verwandter Art) der früheren Mitglieder der bezeichneten Organe und ihrer Hinterbliebenen.[2] Buchstabe a Satz 2 und 3 ist entsprechend anzuwenden.[3] Ferner ist der Betrag der für diese Personengruppe gebildeten Rückstellungen für laufende Pensionen und Anwartschaften auf Pensionen und der Betrag der für diese Verpflichtungen nicht gebildeten Rückstellungen anzugeben;	b) die Gesamtbezüge (Abfindungen, Ruhegehälter, Hinterbliebenenbezüge und Leistungen verwandter Art) der früheren Mitglieder der bezeichneten Organe und ihrer Hinterbliebenen.[2] Buchstabe a Satz 2 und 3 ist entsprechend anzuwenden.[3] Ferner ist der Betrag der für diese Personengruppe gebildeten Rückstellungen für laufende Pensionen und Anwartschaften auf Pensionen und der Betrag der für diese Verpflichtungen nicht gebildeten Rückstellungen anzugeben;
c) die gewährten Vorschüsse und Kredite unter Angabe der Zinssätze, der wesentlichen Bedingungen und der gegebenenfalls im Geschäftsjahr zurückgezahlten Beträge sowie die zugunsten dieser Personen eingegangenen Haftungsverhältnisse;	c) die gewährten Vorschüsse und Kredite unter Angabe der Zinssätze, der wesentlichen Bedingungen und der gegebenenfalls im Geschäftsjahr zurückgezahlten Beträge sowie die zugunsten dieser Personen eingegangenen Haftungsverhältnisse;
10. alle Mitglieder des Geschäftsführungsorgans und eines Aufsichtsrats, auch wenn sie im Geschäftsjahr oder später ausgeschieden sind, mit dem Familiennamen und mindestens einem ausgeschriebenen Vornamen, einschließlich des ausgeübten Berufs und bei börsennotierten Gesellschaften auch der Mitgliedschaft in Aufsichtsräten und anderen Kontrollgremien im Sinne des § 125 Abs. 1 Satz 3 des Aktiengesetzes.[2] Der Vorsitzende eines Aufsichtsrats, seine Stellvertreter und ein etwaiger Vorsitzender des Geschäftsführungsorgans sind als solche zu bezeichnen;	10. alle Mitglieder des Geschäftsführungsorgans und eines Aufsichtsrats, auch wenn sie im Geschäftsjahr oder später ausgeschieden sind, mit dem Familiennamen und mindestens einem ausgeschriebenen Vornamen, einschließlich des ausgeübten Berufs und bei börsennotierten Gesellschaften auch der Mitgliedschaft in Aufsichtsräten und anderen Kontrollgremien im Sinne des § 125 Abs. 1 Satz 3 des Aktiengesetzes.[2] Der Vorsitzende eines Aufsichtsrats, seine Stellvertreter und ein etwaiger Vorsitzender des Geschäftsführungsorgans sind als solche zu bezeichnen;
11. Name und Sitz anderer Unternehmen, von denen die Kapitalgesellschaft oder eine für Rechnung der Kapitalgesellschaft handelnde Person mindestens den fünften	11. Name und Sitz anderer Unternehmen, von denen die Kapitalgesellschaft oder eine für Rechnung der Kapitalgesellschaft handelnde Person mindestens den fünf-

§ 285 Sonstige Pflichtangaben	
HGB i. d. F. vor BilMoG	HGB i. d. F. nach BilMoG
Teil der Anteile besitzt; außerdem sind die Höhe des Anteils am Kapital, das Eigenkapital und das Ergebnis des letzten Geschäftsjahrs dieser Unternehmen anzugeben, für das ein Jahresabschluss vorliegt; auf die Berechnung der Anteile ist § 16 Abs. 2 und 4 des Aktiengesetzes entsprechend anzuwenden; ferner sind von börsennotierten Kapitalgesellschaften zusätzlich alle Beteiligungen an großen Kapitalgesellschaften anzugeben, die fünf vom Hundert der Stimmrechte überschreiten;	ten Teil der Anteile besitzt; außerdem sind die Höhe des Anteils am Kapital, das Eigenkapital und das Ergebnis des letzten Geschäftsjahrs dieser Unternehmen anzugeben, für das ein Jahresabschluss vorliegt; auf die Berechnung der Anteile ist § 16 Abs. 2 und 4 des Aktiengesetzes entsprechend anzuwenden; ferner sind von börsennotierten Kapitalgesellschaften zusätzlich alle Beteiligungen an großen Kapitalgesellschaften anzugeben, die fünf vom Hundert der Stimmrechte überschreiten;
11a. Name, Sitz und Rechtsform der Unternehmen, deren unbeschränkt haftender Gesellschafter die Kapitalgesellschaft ist;	11a. Name, Sitz und Rechtsform der Unternehmen, deren unbeschränkt haftender Gesellschafter die Kapitalgesellschaft ist;
12. Rückstellungen, die in der Bilanz unter dem Posten „sonstige Rückstellungen" nicht gesondert ausgewiesen werden, sind zu erläutern, wenn sie einen nicht unerheblichen Umfang haben;	12. Rückstellungen, die in der Bilanz unter dem Posten „sonstige Rückstellungen" nicht gesondert ausgewiesen werden, sind zu erläutern, wenn sie einen nicht unerheblichen Umfang haben;
13. bei Anwendung des § 255 Abs. 4 Satz 3 die Gründe für die planmäßige Abschreibung des Geschäfts- oder Firmenwerts;	13. die Gründe, welche die Annahme einer betrieblichen Nutzungsdauer eines entgeltlich erworbenen Geschäfts- oder Firmenwertes von mehr als fünf Jahren rechtfertigen;
14. Name und Sitz des Mutterunternehmens der Kapitalgesellschaft, das den Konzernabschluss für den größten Kreis von Unternehmen aufstellt, und ihres Mutterunternehmens, das den Konzernabschluss für den kleinsten Kreis von Unternehmen aufstellt, sowie im Falle der Offenlegung der von diesen Mutterunternehmen aufgestellten Konzernabschlüsse der Ort, wo diese erhältlich sind;	14. Name und Sitz des Mutterunternehmens der Kapitalgesellschaft, das den Konzernabschluss für den größten Kreis von Unternehmen aufstellt, und ihres Mutterunternehmens, das den Konzernabschluss für den kleinsten Kreis von Unternehmen aufstellt, sowie im Falle der Offenlegung der von diesen Mutterunternehmen aufgestellten Konzernabschlüsse der Ort, wo diese erhältlich sind;

§ 285 Sonstige Pflichtangaben

HGB i. d. F. vor BilMoG	HGB i. d. F. nach BilMoG
15. soweit es sich um den Anhang des Jahresabschlusses einer Personenhandelsgesellschaft im Sinne des § 264a Abs. 1 handelt, Name und Sitz der Gesellschaften, die persönlich haftende Gesellschafter sind, sowie deren gezeichnetes Kapital;	15. soweit es sich um den Anhang des Jahresabschlusses einer Personenhandelsgesellschaft im Sinne des § 264a Abs. 1 handelt, Name und Sitz der Gesellschaften, die persönlich haftende Gesellschafter sind, sowie deren gezeichnetes Kapital;
16. dass die nach § 161 des Aktiengesetzes vorgeschriebene Erklärung abgegeben und den Aktionären zugänglich gemacht worden ist;	16. dass die nach § 161 des Aktiengesetzes vorgeschriebene Erklärung abgegeben und wo sie öffentlich zugänglich gemacht worden ist;
17. soweit es sich um ein Unternehmen handelt, das einen organisierten Markt im Sinne des § 2 Abs. 5 des Wertpapierhandelsgesetzes in Anspruch nimmt, für den Abschlussprüfer im Sinne des § 319 Abs. 1 Satz 1, 2 das im Geschäftsjahr als Aufwand erfasste Honorar für	17. das von dem Abschlussprüfer für das Geschäftsjahr berechnete Gesamthonorar, aufgeschlüsselt in das Honorar für
a) die Abschlussprüfung,	a) die Abschlussprüfungsleistungen,
b) sonstige Bestätigungs- oder Bewertungsleistungen,	b) andere Bestätigungsleistungen,
c) Steuerberatungsleistungen,	c) Steuerberatungsleistungen,
d) sonstige Leistungen;	d) sonstige Leistungen,
	soweit die Angaben nicht in einem das Unternehmen einbeziehenden Konzernabschluss enthalten sind;
18. für jede Kategorie derivativer Finanzinstrumente	18. für zu den Finanzanlagen (§ 266 Abs. 2. A.III.) gehörende Finanzinstrumente, die über ihrem beizulegenden Zeitwert ausgewiesen werden, da eine außerplanmäßige Abschreibung nach § 253 Abs. 3 Satz 4 unterblieben ist,

§ 285 Sonstige Pflichtangaben	
HGB i. d. F. vor BilMoG	**HGB i. d. F. nach BilMoG**
a) Art und Umfang der Finanzinstrumente,	a) der Buchwert und der beizulegende Zeitwert der einzelnen Vermögensgegenstände oder angemessener Gruppierungen sowie
b) der beizulegende Zeitwert der betreffenden Finanzinstrumente, soweit sich dieser gemäß den Sätzen 3 bis 5 verlässlich ermitteln lässt, unter Angabe der angewandten Bewertungsmethode sowie eines gegebenenfalls vorhandenen Buchwerts und des Bilanzpostens, in welchem der Buchwert erfasst ist;	b) die Gründe für das Unterlassen der Abschreibung einschließlich der Anhaltspunkte, die darauf hindeuten, dass die Wertminderung voraussichtlich nicht von Dauer ist;
19. für zu den Finanzanlagen (§ 266 Abs. 2 A. III.) gehörende Finanzinstrumente, die über ihrem beizulegenden Zeitwert ausgewiesen werden, da insoweit eine außerplanmäßige Abschreibung gemäß § 253 Abs. 2 Satz 3 unterblieben ist:	19. für jede Kategorie nicht zum beizulegenden Zeitwert bilanzierter derivativer Finanzinstrumente
a) der Buchwert und der beizulegende Zeitwert der einzelnen Vermögensgegenstände oder angemessener Gruppierungen sowie	a) deren Art und Umfang,
b) die Gründe für das Unterlassen einer Abschreibung gemäß § 253 Abs. 2 Satz 3 einschließlich der Anhaltspunkte, die darauf hindeuten, dass die Wertminderung voraussichtlich nicht von Dauer ist.	b) deren beizulegender Zeitwert, soweit er sich nach § 255 Abs. 4 verlässlich ermitteln lässt, unter Angabe der angewandten Bewertungsmethode,
	c) deren Buchwert und der Bilanzposten, in welchem der Buchwert, soweit vorhanden, erfasst ist, sowie
	d) die Gründe dafür, warum der beizulegende Zeitwert nicht bestimmt werden kann;

§ 285 Sonstige Pflichtangaben

HGB i. d. F. vor BilMoG	HGB i. d. F. nach BilMoG
	20. für gemäß § 340e Abs. 3 Satz 1 mit dem beizulegenden Zeitwert bewertete Finanzinstrumente
	a) die grundlegenden Annahmen, die der Bestimmung des beizulegenden Zeitwertes mit Hilfe allgemein anerkannter Bewertungsmethoden zugrunde gelegt wurden, sowie
	b) Umfang und Art jeder Kategorie derivativer Finanzinstrumente einschließlich der wesentlichen Bedingungen, welche die Höhe, den Zeitpunkt und die Sicherheit künftiger Zahlungsströme beeinflussen können;
	21. zumindest die nicht zu marktüblichen Bedingungen zustande gekommenen Geschäfte, soweit sie wesentlich sind, mit nahe stehenden Unternehmen und Personen, einschließlich Angaben zur Art der Beziehung, zum Wert der Geschäfte sowie weiterer Angaben, die für die Beurteilung der Finanzlage notwendig sind; ausgenommen sind Geschäfte mit und zwischen mittel- oder unmittelbar in 100-prozentigem Anteilsbesitz stehenden in einen Konzernabschluss einbezogenen Unternehmen; Angaben über Geschäfte können nach Geschäftsarten zusammengefasst werden, sofern die getrennte Angabe für die Beurteilung der Auswirkungen auf die Finanzlage nicht notwendig ist;
	22. im Fall der Aktivierung nach § 248 Abs. 2 der Gesamtbetrag der Forschungs- und Entwicklungskosten des Geschäftsjahres sowie der davon auf die selbst geschaffenen immateriellen Vermögens-

§ 285 Sonstige Pflichtangaben	
HGB i. d. F. vor BilMoG	HGB i. d. F. nach BilMoG
	gegenstände des Anlagevermögens entfallende Betrag;
	23. bei Anwendung des § 254,
	a) mit welchem Betrag jeweils Vermögensgegenstände, Schulden, schwebende Geschäfte und mit hoher Wahrscheinlichkeit vorgesehene Transaktionen zur Absicherung welcher Risiken in welche Arten von Bewertungseinheiten einbezogen sind sowie die Höhe der mit Bewertungseinheiten abgesicherten Risiken,
	b) für die jeweils abgesicherten Risiken, warum, in welchem Umfang und für welchen Zeitraum sich die gegenläufigen Wertänderungen oder Zahlungsströme künftig voraussichtlich ausgleichen einschließlich der Methode der Ermittlung,
	c) eine Erläuterung der mit hoher Wahrscheinlichkeit erwarteten Transaktionen, die in Bewertungseinheiten einbezogen wurden,
	soweit die Angaben nicht im Lagebericht gemacht werden;
	24. zu den Rückstellungen für Pensionen und ähnliche Verpflichtungen das angewandte versicherungsmathematische Berechnungsverfahren sowie die grundlegenden Annahmen der Berechnung, wie Zinssatz, erwartete Lohn- und Gehaltssteigerungen und zugrunde gelegte Sterbetafeln;
	25. im Fall der Verrechnung von Vermögensgegenständen und Schulden nach

2.2 Synoptische Darstellung der Änderungen in den §§ 285 und 288 HGB

§ 285 Sonstige Pflichtangaben	
HGB i. d. F. vor BilMoG	HGB i. d. F. nach BilMoG
	§ 246 Abs. 2 Satz 2 die Anschaffungskosten und der beizulegende Zeitwert der verrechneten Vermögensgegenstände, der Erfüllungsbetrag der verrechneten Schulden sowie die verrechneten Aufwendungen und Erträge; Nummer 20 Buchstabe a ist entsprechend anzuwenden;
	26. zu Anteilen oder Anlageaktien an inländischen Investmentvermögen im Sinn des § 1 des Investmentgesetzes oder vergleichbaren ausländischen Investmentanteilen im Sinn des § 2 Abs. 9 des Investmentgesetzes von mehr als dem zehnten Teil, aufgegliedert nach Anlagezielen, deren Wert im Sinn des § 36 des Investmentgesetzes oder vergleichbarer ausländischer Vorschriften über die Ermittlung des Marktwertes, die Differenz zum Buchwert und die für das Geschäftsjahr erfolgte Ausschüttung sowie Beschränkungen in der Möglichkeit der täglichen Rückgabe; darüber hinaus die Gründe dafür, dass eine Abschreibung gemäß § 253 Abs. 3 Satz 4 unterblieben ist, einschließlich der Anhaltspunkte, die darauf hindeuten, dass die Wertminderung voraussichtlich nicht von Dauer ist; Nummer 18 ist insoweit nicht anzuwenden;
	27. für nach § 251 unter der Bilanz oder nach § 268 Abs. 7 Halbsatz 1 im Anhang ausgewiesene Verbindlichkeiten und Haftungsverhältnisse die Gründe der Einschätzung des Risikos der Inanspruchnahme;

§ 285 Sonstige Pflichtangaben	
HGB i. d. F. vor BilMoG	HGB i. d. F. nach BilMoG
	28. der Gesamtbetrag der Beträge im Sinn des § 268 Abs. 8, aufgegliedert in Beträge aus der Aktivierung selbst geschaffener immaterieller Vermögensgegenstände des Anlagevermögens, Beträge aus der Aktivierung latenter Steuern und aus der Aktivierung von Vermögensgegenständen zum beizulegenden Zeitwert;
	29. auf welchen Differenzen oder steuerlichen Verlustvorträgen die latenten Steuern beruhen und mit welchen Steuersätzen die Bewertung erfolgt ist.
²Als derivative Finanzinstrumente im Sinne des Satzes 1 Nr. 18 gelten auch Verträge über den Erwerb oder die Veräußerung von Waren, bei denen jede der Vertragsparteien zur Abgeltung in bar oder durch ein anderes Finanzinstrument berechtigt ist, es sei denn, der Vertrag wurde geschlossen, um einen für den Erwerb, die Veräußerung oder den eigenen Gebrauch erwarteten Bedarf abzusichern, sofern diese Zweckwidmung von Anfang an bestand und nach wie vor besteht und der Vertrag mit der Lieferung der Ware als erfüllt gilt. ³Der beizulegende Zeitwert im Sinne des Satzes 1 Nr. 18 Buchstabe b, Nr. 19 entspricht dem Marktwert, sofern ein solcher ohne weiteres verlässlich feststellbar ist. ⁴Ist dies nicht der Fall, so ist der beizulegende Zeitwert, sofern dies möglich ist, aus den Marktwerten der einzelnen Bestandteile des Finanzinstruments oder aus dem Marktwert eines gleichwertigen Finanzinstruments abzuleiten, anderenfalls mit Hilfe allgemein anerkannter Bewertungsmodelle und -methoden zu bestimmen, sofern diese eine angemessene Annäherung an den Marktwert ge-	Sätze 2 bis 6 (aufgehoben)

2.2 Synoptische Darstellung der Änderungen in den §§ 285 und 288 HGB

§ 285 Sonstige Pflichtangaben	
HGB i. d. F. vor BilMoG	HGB i. d. F. nach BilMoG
währleisten. ⁵Bei der Anwendung allgemein anerkannter Bewertungsmodelle und -methoden sind die tragenden Annahmen anzugeben, die jeweils der Bestimmung des beizulegenden Zeitwerts zugrunde gelegt wurden. ⁶Kann der beizulegende Zeitwert nicht bestimmt werden, sind die Gründe dafür anzugeben.	

Zeitliche Anwendung:

§ 285 Nr. 3, 3a, 16, 17 und 21 HGB in der Fassung des BilMoG sind nach Art. 66 Abs. 2 Satz 1 EGHGB erstmals auf Jahresabschlüsse für das nach dem 31. 12. 2008 beginnende Geschäftsjahr anzuwenden.

§ 285 Satz 1 Nr. 3, 16 und 17 HGB in der bis zum Inkrafttreten des BilMoG geltenden Fassung sind nach Art. 66 Abs. 2 Satz 2 EGHGB letztmals auf Jahresabschlüsse für das vor dem 1. 1. 2009 beginnende Geschäftsjahr anzuwenden.

§ 285 Nr. 13, 18-20 und 22-29 HGB in der Fassung des BilMoG sind nach Art. 66 Abs. 3 Satz 1 EGHGB erstmals auf Jahresabschlüsse für das nach dem 31. 12. 2009 beginnende Geschäftsjahr anzuwenden.

§ 285 Satz 1 Nr. 2, 5, 13, 18 und 19 Sätze 2-6 HGB in der bis zum Inkrafttreten des BilMoG geltenden Fassung sind nach Art. 66 Abs. 5 EGHGB letztmals auf Jahresabschlüsse für das vor dem 1. 1. 2010 beginnende Geschäftsjahr anzuwenden.

ABB. 2: Synoptische Gegenüberstellung der in § 285 HGB geänderten Anhangvorschriften

§ 288 Größenabhängige Erleichterungen	
HGB i. d. F. vor BilMoG	HGB i. d. F. nach BilMoG
¹Kleine Kapitalgesellschaften im Sinne des § 267 Abs. 1 brauchen die Angaben nach § 284 Abs. 2 Nr. 4, § 285 Satz 1 Nr. 2 bis 8 Buchstabe a, Nr. 9 Buchstabe a und b sowie Nr. 12, 17 und 18 nicht zu machen.² Mittelgroße Kapitalgesellschaften im Sinne des § 267 Abs. 2 brauchen die Angaben nach § 285 Satz 1 Nr. 4 nicht zu machen.	(1) Kleine Kapitalgesellschaften (§ 267 Abs. 1) brauchen die Angaben nach § 284 Abs. 2 Nr. 4, § 285 Nr. 2 bis 8 Buchstabe a, Nr. 9 Buchstabe a und b sowie Nr. 12, 17, 19, 21, 22 und 29 nicht zu machen.

§ 288 Größenabhängige Erleichterungen	
HGB i. d. F. vor BilMoG	HGB i. d. F. nach BilMoG
	(2) ¹Mittelgroße Kapitalgesellschaften (§ 267 Abs. 2) brauchen bei der Angabe nach § 285 Nr. 3 die Risiken und Vorteile nicht darzustellen.² Sie brauchen die Angaben nach § 285 Nr. 4 und 29 nicht zu machen.³ Soweit sie die Angaben nach § 285 Nr. 17 nicht machen, sind sie verpflichtet, diese der Wirtschaftsprüferkammer auf deren schriftliche Anforderung zu übermitteln.⁴ Sie brauchen die Angaben nach § 285 Nr. 21 nur zu machen, soweit sie Aktiengesellschaft sind; die Angabe kann auf Geschäfte beschränkt werden, die direkt oder indirekt mit dem Hauptgesellschafter oder Mitgliedern des Geschäftsführungs-, Aufsichts- oder Verwaltungsorgans abgeschlossen wurden.
Zeitliche Anwendung: § 288 HGB in der Fassung des BilMoG ist, soweit auf **§ 285 Nr. 3, 3a, 17 und 21** Bezug genommen wird, nach Art. 66 Abs. 2 Satz 1 EGHGB erstmals auf Jahresabschlüsse für das nach dem 31. 12. 2008 beginnende Geschäftsjahr anzuwenden. § 288 HGB in der bis zum Inkrafttreten des BilMoG geltenden Fassung ist, soweit auf **§ 285 Nr. 3 und 17** Bezug genommen wird, nach Art. 66 Abs. 2 Satz 2 EGHGB letztmals auf Jahresabschlüsse für vor dem 1. 1. 2009 beginnende Geschäftsjahre anzuwenden. § 288 HGB in der Fassung des BilMoG ist, soweit auf **§ 285 Nr. 19, 22 und 29** Bezug genommen wird, nach Art. 66 Abs. 3 Satz 1 EGHGB erstmals auf Jahresabschlüsse für das nach dem 31. 12. 2009 beginnende Geschäftsjahr anzuwenden. § 288 HGB in der bis zum Inkrafttreten des BilMoG geltenden Fassung ist, soweit auf **§ 285 Satz 1 Nr. 2, 5 und 18** Bezug genommen wird, nach Art. 66 Abs. 5 EGHGB letztmals auf Jahresabschlüsse für das vor dem 1. 1. 2010 beginnende Geschäftsjahr anzuwenden.	

ABB. 3: Synoptische Gegenüberstellung der größenabhängigen Erleichterungen bei Anwendung der Anhangvorschriften des § 285 HGB

2.3 Größenabhängige Auswirkungen der Änderungen in den Angabepflichten auf den Anhang der GmbH im Überblick

Über § 288 HGB werden kleinen und mittelgroßen Kapitalgesellschaften aufgrund entsprechender Mitgliedstaatenwahlrechte der 4. EU-Richtlinie in der Fassung der Abschlussprüferrichtlinie[11] (§ 285 Nr. 17 HGB) bzw. der Abänderungsrichtlinie[12] (§ 285 Nr. 3, 21 HGB) Erleichterungen bei der Aufstellung des Anhangs weiter gegeben.

Die von § 288 Abs. 1 HGB den kleinen Kapitalgesellschaften eingeräumten Erleichterungen bestehen insbesondere darin, von den nach § 285 HGB geforderten Angaben nur bestimmte in den Anhang aufnehmen zu müssen. Infolge dessen müssen **kleine GmbH** von den durch das BilMoG in **§ 285 HGB** geänderten Angabenpflichten in ihrem Anhang nur die folgenden beachten:

Nr. 11:   Angaben zum Anteilsbesitz an Kapitalgesellschaften (nun ohne Wahlrecht)

Nr. 11a: Angaben zum Anteilsbesitz an Kapitalgesellschaften & Co. (nun ohne Wahlrecht)

Nr. 13:   Begründung einer Abweichung von der typisierten Nutzungsdauer beim Geschäftswert

Nr. 20:   Angaben zu Finanzinstrumenten, die zum beizulegenden Zeitwert bilanziert werden*

Nr. 23:   Angaben zu Bewertungseinheiten

Nr. 24:   Angaben zu Rückstellungen für Pensionen und ähnliche Verpflichtungen

---

[11] Richtlinie 2006/43/EG des Europäischen Parlaments und des Rates vom 17. 5. 2006 über Abschlussprüfungen von Jahresabschlüssen und konsolidierten Abschlüssen, zur Änderung der Richtlinien 78/660/EWG und 83/349/EWG des Rates und zur Aufhebung der Richtlinie 84/253/EWG des Rates (Text von Bedeutung für den EWR), Amtsblatt Nr. L 157 vom 9.6.2006, S. 87-107.

[12] Richtlinie 2006/46/EG des Europäischen Parlaments und des Rates vom 14. 6. 2006 zur Änderung der Richtlinien des Rates 78/660/EWG über den Jahresabschluss von Gesellschaften bestimmter Rechtsformen, 83/349/EWG über den konsolidierten Abschluss, 86/635/EWG über den Jahresabschluss und den konsolidierten Abschluss von Banken und anderen Finanzinstituten und 91/674/EWG über den Jahresabschluss und den konsolidierten Abschluss von Versicherungsunternehmen (Text von Bedeutung für den EWR), Amtsblatt Nr. L 224 vom 16/08/2006 S. 0001-0007.

Nr. 25:	Angaben bei zulässiger Verrechnung von Vermögensgegenständen und Schulden
Nr. 26:	Angaben zu Investmentanteilen
Nr. 27:	Angaben zu Haftungsverhältnissen
Nr. 28:	Angaben zu ausschüttungsgesperrten Beträgen

* Grundsätzlich nur von GmbH im Anwendungsbereich des § 340e HGB zu beachten.

ABB. 4: Von kleinen GmbH zu beachtende neue oder geänderte Anhangvorschriften gemäß § 285 HGB

Zudem gelten für die kleine GmbH auch die übergangsbedingten Angaben gemäß EGHGB:

Art. 66 Abs. 3 Satz 6:	Hinweise auf vorzeitige Anwendung der durch das BilMoG geänderten Vorschriften
Art. 67 Abs. 1 Satz 4:	Angabe einer Überdeckung von Rückstellungen
Art. 67 Abs. 2:	Angabe einer Unterdeckung von Pensionsrückstellungen
Art. 67 Abs. 8 Satz 2:	Hinweis auf Nichtanpassung von Vorjahreszahlen

ABB. 5: Von GmbH aufgrund des BilMoG zu beachtende übergangsbedingte Anhangangaben nach EGHGB

2.3 Größenabhängige Auswirkungen auf den Anhang der GmbH im Überblick

Die Erleichterung bei mittelgroßen Kapitalgesellschaften bezieht sich nach § 288 Abs. 2 HGB auf folgende Angabeaspekte des § 285 HGB:

- Nur Art und Zweck außerbilanzieller Geschäfte (Nr. 3),
- Nicht-Aufgliederung der Umsatzerlöse (Nr. 4),
- Nicht-Angabe des Abschlussprüferhonorars (Nr. 17; ggf. Mitteilung an die WPK),
- Geschäfte mit nahe stehenden Unternehmen und Personen (Nr. 21) nur bei AG und beschränkt auf mit Organmitgliedern oder dem Hauptgesellschafter abgeschlossene,
- Keine Erläuterungen im Zusammenhang mit latenten Steuern (Nr. 29).

Der Begründung des Gesetzgebers[13] zufolge ist für die Modifikation der Angabepflicht zu § 285 Nr. 3 HGB maßgebend, dass ansonsten wettbewerbsrelevante Informationen preiszugeben wären.

Mit den größenabhängigen Erleichterungen für die Angaben nach § 285 Nr. 17 und 21 HGB hat der deutsche Gesetzgeber entsprechende Mitgliedstaatenwahlrechte in Art. 45 Abs. 2 der Bilanzrichtlinie in der Fassung der Abschlussprüferrichtlinie (Nr. 17) bzw. in Art. 43 Abs. 7a und 7b der Bilanzrichtlinie in der Fassung der Abänderungsrichtlinie (Nr. 21) weiter gegeben.[14]

Infolge der genannten Erleichterungen müssen **mittelgroße GmbH** von den durch das BilMoG in **§ 285 HGB** geänderten Angabenpflichten in ihrem Anhang die folgenden beachten:

---

[13] Vgl. BT-Drucks. 16/10067, S. 76.

[14] Vgl. dazu *Philipps, H.*: Rechnungslegung nach BilMoG, Wiesbaden 2010, S. 296 - 299.

Nr. 2:	Aufgliederung der Verbindlichkeiten
Nr. 3:	Art und Zweck außerbilanzieller Geschäfte
Nr. 11:	Angaben zum Anteilsbesitz an Kapitalgesellschaften (nun ohne Wahlrecht)
Nr. 11a:	Angaben zum Anteilsbesitz an Kapitalgesellschaften & Co. (nun ohne Wahlrecht)
Nr. 13:	Begründung einer Abweichung von der typisierten Nutzungsdauer beim Geschäftswert
Nr. 19:	Angaben zu derivativen Finanzinstrumenten, die nicht zum beizulegenden Zeitwert bilanziert werden
Nr. 20:	Angaben zu Finanzinstrumenten, die zum beizulegenden Zeitwert bilanziert werden*
Nr. 22:	Angaben zu Forschungs- und Entwicklungskosten
Nr. 23:	Angaben zu Bewertungseinheiten
Nr. 24:	Angaben zu Rückstellungen für Pensionen und ähnliche Verpflichtungen
Nr. 25:	Angaben bei zulässiger Verrechnung von Vermögensgegenständen und Schulden
Nr. 26:	Angaben zu Investmentanteilen
Nr. 27:	Angaben zu Haftungsverhältnissen
Nr. 28:	Angaben zu ausschüttungsgesperrten Beträgen

*Grundsätzlich nur von GmbH im Anwendungsbereich des § 340e HGB zu beachten.

ABB. 6: Von mittelgroßen GmbH zu beachtende neue oder geänderte Anhangvorschriften gemäß § 285 HGB

2.3 Größenabhängige Auswirkungen auf den Anhang der GmbH im Überblick

Zudem sind auch von mittelgroßen GmbH die vorstehend oben zur kleinen GmbH genannten übergangsbedingten Angaben gemäß **EGHGB** in den Anhang aufzunehmen.

Darauf hinzuweisen ist, dass kleine und mittelgroße GmbH die Erleichterungen gemäß § 288 HGB bei der Aufstellung des Anhangs unabhängig von der Ausprägung ihrer Größenklassenmerkmale nach § 267 HGB **nicht** in Anspruch nehmen dürfen, wenn sie:

- kapitalmarktorientiert i. S. d. § 264d HGB (§ 267 Abs. 3 Satz 2 HGB) sind oder
- die wirtschaftszweigspezifischen Regelungen für Kreditinstitute und Finanzdienstleistungsinstitute (§ 340a Abs. 1 und 2 HGB) oder
- Versicherungsunternehmen (§ 341a Abs. 1 und 2 HGB) anzuwenden haben.

Bei den Anhangangaben **großer GmbH** werden keine Erleichterungen gewährt. Große GmbH haben daher **§ 285 HGB** in vollem Umfang anzuwenden. Sie haben alle darin geänderten Angabepflichten in ihren Anhang aufzunehmen:

Nr. 2:	Aufgliederung der Verbindlichkeiten
Nr. 3:	Art und Zweck, Risiken und Vorteile außerbilanzieller Geschäfte
Nr. 11:	Angaben zum Anteilsbesitz an Kapitalgesellschaften (nun ohne Wahlrecht)
Nr. 11a:	Angaben zum Anteilsbesitz an Kapitalgesellschaften & Co. (nun ohne Wahlrecht)
Nr. 13:	Begründung einer Abweichung von der typisierten Nutzungsdauer beim Geschäftswert
Nr. 17:	Angaben zum Abschlussprüferhonorar
Nr. 19:	Angaben zu derivativen Finanzinstrumenten, die nicht zum beizulegenden Zeitwert bilanziert werden
Nr. 20:	Angaben zu Finanzinstrumenten, die zum beizulegenden Zeitwert bilanziert werden*
Nr. 21:	Angaben zu Geschäften mit nahe stehenden Unternehmen und Personen
Nr. 22:	Angaben zu Forschungs- und Entwicklungskosten
Nr. 23:	Angaben zu Bewertungseinheiten
Nr. 24:	Angaben zu Rückstellungen für Pensionen und ähnliche Verpflichtungen
Nr. 25:	Angaben bei zulässiger Verrechnung von Vermögensgegenständen und Schulden
Nr. 26:	Angaben zu Investmentanteilen
Nr. 27:	Angaben zu Haftungsverhältnissen
Nr. 28:	Angaben zu ausschüttungsgesperrten Beträgen
Nr. 29:	Angaben zu latenten Steuern

* Grundsätzlich nur von GmbH im Anwendungsbereich des § 340e HGB zu beachten.

ABB. 7: Von großen GmbH zu beachtende neue oder geänderte Anhangvorschriften gemäß § 285 HGB

Zudem sind auch von großen GmbH die vorstehend oben zur kleinen GmbH genannten übergangsbedingten Angaben gemäß **EGHGB** in den Anhang aufzunehmen.

3. Erläuterungen zu den durch das BilMoG geänderten Anhangvorschriften

3.1 Neue Anhangangaben für kleine GmbH

3.1.1 Begründung einer Abweichung von der typisierten Nutzungsdauer beim Geschäfts- oder Firmenwert (§ 285 Nr. 13 HGB)

Mit der Neufassung des § 285 Nr. 13 HGB wird nun verlangt, die bei einem aktivierten entgeltlich erworbenen Geschäfts- oder Firmenwert angenommene **Nutzungsdauer zu begründen**, wenn sie **mehr als fünf Jahre** beträgt. Aufgrund sachlicher Erwägungen wird für diese Angabe eine Einbeziehung in die Beschreibung der Bilanzierungs- und Bewertungsmethoden in Betracht kommen und auch zu präferieren sein.

Der Gesetzesbegründung zufolge steht die Änderung des § 285 Nr. 13 HGB mit der Streichung des § 255 Abs. 4 HGB a. F. in Zusammenhang und stützt sich auf die **europarechtliche Vorgabe** in Art. 37 Abs. 2 Satz 2 der Bilanzrichtlinie, der wie folgt lautet: „Art. 34 Abs. 1 Buchstabe a) gilt entsprechend für den Posten „Geschäfts- oder Firmenwert". Die Mitgliedstaaten können jedoch Gesellschaften gestatten, ihren Geschäfts- oder Firmenwert im Verlauf eines befristeten Zeitraums von mehr als fünf Jahren planmäßig abzuschreiben, sofern dieser Zeitraum die Nutzungsdauer dieses Gegenstands des Anlagevermögens nicht überschreitet und im Anhang erwähnt und begründet wird." Der in Art. 37 Abs. 2 Satz 1 der Bilanzrichtlinie angeführte Verweis auf deren Art. 34 Abs. 1 Buchstabe a) verdeutlicht, dass für aktivierte entgeltlich erworbene Geschäfts- oder Firmenwerte grundsätzlich eine maximale Nutzungsdauer von fünf Jahren maßgeblich sein soll. Die Vorgabe dieser letztlich gegriffenen Nutzungsdauerpauschalierung von maximal fünf Jahren basiert auf Vorsichtsüberlegungen. Denn ausweislich der Begründung zum späteren Art. 34 Abs. 1 Buchstabe 1a) der Bilanzrichtlinie ist der Nutzen und damit auch der Wert solcher Aufwendungen häufig nur schwer zu ermitteln.[15]

---

[15] Vgl. *Schruff, L.* (Hrsg.): Entwicklung der 4. EG-Richtlinie, Düsseldorf 1986, S. 162. Dazu auch *Hennrichs, J.*: Stellungnahme vom 11. 12. 2008 zum BilMoG Reg-E, S. 5.

Art. 34 Abs. 1 Buchstabe 1a) ermöglicht den Mitgliedstaaten aber zuzulassen, dass ihre Unternehmen entgeltlich erworbene Geschäfts- oder Firmenwerte über einen befristeten Zeitraum von mehr als fünf Jahren planmäßig abschreiben dürfen, sofern dieser Zeitraum jeweils die Nutzungsdauer nicht überschreitet und dies im Anhang begründet wird. Solche **Gründe** können etwa aufgrund von Sachverhalten bestehen, wie sie der Gesetzgeber zu § 246 Abs. 1 Satz 4 HGB[16] beispielhaft als **Anhaltspunkte** für die Schätzung der Nutzungsdauer eines aktivierten entgeltlich erworbenen Geschäfts- oder Firmenwertes wie folgt anführt:

Die Art und die voraussichtliche Bestandsdauer des erworbenen Unternehmens,

- die Stabilität und Bestandsdauer der Branche des erworbenen Unternehmens,

- der Lebenszyklus der Produkte des erworbenen Unternehmens,

- die Auswirkungen von Veränderungen der Absatz- und Beschaffungsmärkte sowie der wirtschaftlichen Rahmenbedingungen auf das erworbene Unternehmen,

- der Umfang der Erhaltungsaufwendungen, die erforderlich sind, um den erwarteten ökonomischen Nutzen des erworbenen Unternehmens zu realisieren,

- die Laufzeit wichtiger Absatz- oder Beschaffungsverträge des erworbenen Unternehmens,

- die voraussichtliche Tätigkeit von wichtigen Mitarbeitern oder Mitarbeitergruppen für das erworbene Unternehmen,

- das erwartete Verhalten potentieller Wettbewerber des erworbenen Unternehmens sowie

- die voraussichtliche Dauer der Beherrschung des erworbenen Unternehmens.

Unter Berücksichtigung dieser Anhaltspunkte kann die Anhangangabe nach § 285 Nr. 13 HGB z. B. wie folgt formuliert werden:

„Der aktivierte, entgeltlich erworbene Geschäfts- oder Firmenwert wird über eine voraussichtliche Nutzungsdauer von zehn Jahren linear abgeschrieben. Seine Nutzungs-

---

[16] Vgl. BT-Drucks. 16/10067, S. 48.

dauer ist durch langfristig bestehende, wichtige Absatz- und Beschaffungsverträge sowie lange Lebenszyklen der Produkte des erworbenen Unternehmens begründet."

Das Beispiel zeigt auch, dass die Begründung tatsächlich eine solche sein muss. Angesichts dessen erfüllen dagegen etwa folgende Aussagen die Anforderung des § 285 Nr. 13 HGB nicht, denn in diesen Fällen bleiben die konkreten sachlichen Auslöser für die getroffene Einschätzung der Nutzungsdauer offen:

„Die planmäßige Abschreibung des Geschäfts- oder Firmenwertes entspricht der geschätzten Nutzungsdauer"[17] oder „Für ... den Geschäftswert wird insgesamt eine Nutzungsdauer von zehn Jahren angenommen. Die Nutzungsdauer wurde auf Basis interner Untersuchungen gemäß dem bei Erwerb vorrausichtlichen wirtschaftlichen Nutzen angesetzt."

Durch einen bloßen Hinweis auf die für steuerliche Zwecke pauschal anzusetzende Nutzungsdauer von 15 Jahren gemäß § 7 Abs. 1 Satz 3 EStG wird der notwendigen Nutzungsdauerbegründung für einen aktivierten, entgeltlich erworbenen Geschäfts- oder Firmenwert ebenfalls nicht genügend Rechnung getragen. Denn die handelsrechtliche Nutzungsdauer ist **unabhängig vom Steuerrecht** zu beurteilen. Dafür sprechen vor allem zwei Aspekte. Zum einen die Aufhebung der umgekehrten Maßgeblichkeit (§ 5 Abs. 1 Satz 2 EStG a. F.[18]). Zum anderen wird die steuerlich pauschalierte betriebsgewöhnliche Nutzungsdauer unter den vom Gesetzgeber in der Gesetzesbegründung aufgeführten (zahlreichen) beispielhaften Anhaltspunkten für die Schätzung der betrieblichen Nutzungsdauer des entgeltlich erworbenen Geschäfts- oder Firmenwertes nicht genannt. Soll handelsrechtlich beispielsweise über einen Zeitraum von 15 Jahren abgeschrieben werden, muss dies daher nachvollziehbar dargelegt werden, z. B. durch plausible Bezugnahme auf zumindest einen der vorgenannten Anhaltspunkte.

§ 285 Nr. 13 HGB eröffnet den Bilanzierenden hinsichtlich der Nutzungsdauerbestimmung bei jedem aktivierten entgeltlich erworbenen Geschäfts- oder Firmenwert ein **faktisches Bewertungswahlrecht**: Sofern die Nutzungsdauer für einen längeren Zeitraum als fünf Jahre gerechtfertigt werden kann, aber die entsprechende Begründung

---

[17] Dazu *Lüdenbach, N./Hoffmann, W.-D.*: Die wichtigsten Änderungen der HGB-Rechnungslegung durch das BilMoG, in: StuB 2009, S. 313 sowie zuvor bereits *Hoffmann, W.-D./Lüdenbach, N.*: Inhaltliche Schwerpunkte des BilMoG-Regierungsentwurfs, in: DStR 2008, Beihefter zu Heft 30/2008, S. 66.

[18] Vgl. dazu z. B. auch die Erläuterungen zu § 5 EStG bei *Philipps, H.*: Rechnungslegung nach BilMoG, Wiesbaden 2010, S. 369-374.

nicht in den Anhang aufgenommen wird, darf die Nutzungsdauer mit nicht länger als fünf Jahren unterstellt werden.[19] Die europarechtlichen Vorgaben zum § 285 Nr. 13 HGB ermöglichen dann eindeutig eine Pauschalierung mit einem, zwei, drei, vier oder fünf Jahren. Wird die Begründung dagegen in den Anhang aufgenommen, ist die tatsächlich begründete Nutzungsdauer zugrunde zu legen. Die Abschreibungsdauer eines entgeltlich erworbenen Geschäfts- oder Firmenwerts im Jahresabschluss darf also jeweils entweder pauschal und unbegründet mit bis zu fünf Jahren oder aber darüber hinausgehend im Einzelfall stets individuell begründet angenommen werden.

3.1.2 Angaben zu Finanzinstrumenten (§ 285 Nr. 20 HGB)

Mit den Änderungen in § 285 Nr. 20 HGB wird Art. 42d der Bilanzrichtlinie in der Fassung der Fair-Value-Richtlinie umgesetzt. In der Fair-Value-Richtlinie sind keine Erwägungsgründe formuliert, die zur inhaltlichen Konkretisierung dieser Vorschrift beitragen.

§ 285 Nr. 20 HGB verweist auf § 340e Abs. 3 Satz 1 HGB und ist damit nur für Finanzinstrumente des Handelsbestands von **Kreditinstituten und Finanzdienstleistungsinstituten** anwendbar.

Buchstabe a) des § 285 Nr. 20 HGB verlangt, die Abschlussadressaten über grundlegende Annahmen zu informieren, die zur Bestimmung von solchen beizulegenden Zeitwerten getroffen wurden, die nicht zu Marktpreisen, sondern mit Hilfe allgemein anerkannter Bewertungsmethoden ermittelt worden sind. Angaben nach § 285 Nr. 20a) HGB sind also nur erforderlich, wenn der beizulegende Zeitwert originärer und derivativer Finanzinstrumente nicht unmittelbar auf einem eigenen Marktpreis basiert[20]; eine Negativanzeige wird nicht verlangt. Der Gesetzesbegründung[21] zufolge sind unter den „grundlegenden Annahmen" die „wesentlichen objektiv nachvollziehbaren Parameter" zu verstehen, die bei Anwendung der jeweils allgemein anerkannten Bewertungsmethode getroffen wurden.[22] Grundlegende Änderungen zur Angabe der „tragenden Annahmen .., die jeweils der Bestimmung des beizulegenden Zeitwerts zugrunde ge-

---

[19] Ähnlich *Hennrichs, J.*: Stellungnahme vom 11. 12. 2008 zum BilMoG Reg-E, S. 5.

[20] Vgl. IDW RS BFA 2, Anm. 80, in: IDW Fachnachrichten 2010, S. 164.

[21] Vgl. BT-Drucks. 16/10067, S. 71.

[22] Zum Begriff allgemein anerkannte Bewertungsmethoden i. S. d. § 285 Nr. 20a) vgl. z. B. *Ellrott, H.*, § 285 HGB, in: BeckBilKom, 7.Aufl., Anm. 352 f.

legt wurden" nach dem bisherigen § 285 Satz 5 HGB a. F. sind hieraus nicht erkennbar. Anzugeben sind demnach neben der angewendeten Bewertungsmethode (dazu gehören z. B. Discounted-Cashflow-Modelle oder das Optionspreismodell nach Black/Scholes) die darin zur Wertermittlung eingeflossenen Zinssätze, Preise der Basiswerte, Restlaufzeiten, Volatilitäten u. a. Nicht vorschriftenkonform ist die bloße Angabe der Herkunft beizulegender Zeitwerte im Fall der Beschaffung von Geschäftspartnern, z. B. durch Bankauskunft.[23]

§ 285 Nr. 25 HGB dehnt den Anwendungsbereich der Nr. 20a) aus. Alle Kapitalgesellschaften (also nicht nur Kreditinstitute und Finanzdienstleistungsinstitute!) die **Planvermögensgegenstände** i. S. d. § 246 Abs. 2 Satz 2 HGB[24] zum beizulegenden Zeitwert bewerten (müssen), sind verpflichtet, die dazu getroffenen grundlegenden Annahmen im Anhang anzugeben, wenn die Wertermittlung auf der Anwendung allgemein anerkannter Bewertungsmethoden basiert.

Mit den gemäß Buchstabe b) geforderten Angaben sollen Kreditinstitute und Finanzdienstleistungsinstitute die Abschlussadressaten über Risiken informieren, denen zum beizulegenden Zeitwert bilanzierte derivative Finanzinstrumente ausgesetzt sind. Hierzu sind die „wesentlichen Bedingungen" anzugeben, die die Höhe, den Zeitpunkt und die Sicherheit künftiger Zahlungsströme – und damit die Vermögens-, Finanz- und/oder Ertragslage des Unternehmens – beeinflussen können. Angesichts dessen werden die Auswirkungen abweichend vom Wortlaut des § 285 Nr. 20b) auch dann anzugeben sein, wenn sie die Höhe oder den Zeitpunkt oder die Sicherheit künftiger Zahlungsströme (also alternativ) beeinflussen können. Der Begriff „wesentliche Bedingungen" wird in der Gesetzesbegründung nicht erläutert. Angelehnt an die insoweit analogiefähigen Angaben gemäß IFRS 7 lassen sich darunter vor allem Markt-, Zins-, Wechselkurs- und/oder Liquiditätsänderungen, ggf. einschließlich deren Ursachen verstehen. Bei zinsbezogenen derivativen Finanzinstrumenten können z. B. auch Zinsaustauschtermine, die Zinssatzberechnung für den variablen „leg", die Bonität von Swappartnern oder vereinbarte Sicherheiten relevant werden.[25] Die Angaben hierzu sind wie in der Nr. 19 nicht für jedes einzelne Finanzinstrument, sondern für die beim Bilanzierenden eingesetzten „Kategorien" von Finanzinstrumenten erforderlich. Kate-

---

[23] Vgl. *Ellrott, H.*: § 285 HGB, in: BeckBilKom, 7. Aufl., Anm. 353.

[24] Zu den Voraussetzungen vgl. z. B. *Philipps, H.*: Rechnungslegung nach BilMoG, Wiesbaden 2010, S. 57 f., IDW RS HFA 30, in: IDW Fachnachrichten 2010, Anm. 2-35, S. 440 f.

[25] Vgl. *Scharpf, P./Schaber, M.* u. a.: Bilanzierung von Finanzinstrumenten des Handelsbestands bei Kreditinstituten – Erläuterung von IDW RS BFA 2 (Teil 2), in: WPg 2010, S. 504.

gorien lassen sich der „Art" nach insbesondere in Bezug auf zugrunde liegende Basiswerte oder gesicherte Risiken bilden. Zu den gebildeten Kategorien ist auch ihr „Umfang" angabepflichtig. Damit ist der Nominalwert aller in der jeweiligen Kategorie zusammen gefassten Finanzinstrumente gemeint.

3.1.3 Angaben zu Bewertungseinheiten (§ 285 Nr. 23 HGB)

§ 285 Nr. 23 HGB ergänzt („flankiert") die Vorschrift des § 254 HGB zur Bildung von Bewertungseinheiten[26] und verlangt, dazu folgende Angaben zu machen bzw. Erläuterungen zu geben:

▶ Buchstabe a)

– welche Grundgeschäfte (i. S. d. § 254 HGB) mit welchem Betrag in Bewertungseinheiten einbezogen wurden und

– welche Risiken mit den gebildeten Bewertungseinheiten abgesichert wurden und

– welche Arten von Bewertungseinheiten gebildet wurden und

– in welcher Höhe mit diesen Bewertungseinheiten die Risiken abgesichert wurden.

▶ Buchstabe b)

– die Gründe für die Wirksamkeit der Bewertungseinheiten und

– der Umfang der Wirksamkeit sowohl dem Umfang als auch dem Zeitraum nach und

– die Methode zur Ermittlung der Einschätzung der Wirksamkeit.

▶ Buchstabe c)

– eine gesonderte Erläuterung antizipativer Bewertungseinheiten.

§ 285 Nr. 23 Buchstabe a) HGB verlangt Angaben zur Bildung von **Bewertungseinheiten dem Grunde und der Höhe nach**. Gefordert ist dazu u. a., die Arten der gebildeten Bewertungseinheiten anzugeben. Dies dient der Erleichterung. Andernfalls wären alle

---

[26] Vgl. dazu z. B. Förschle, G./Usinger, R., § 254 HGB, in: BeckBilKom, 7. Aufl., Anm. 1-58, IDW ERS HFA 35, in: IDW Fachnachrichten 2010, S. 396-410.

3.1 Neue Anhangangaben für kleine GmbH

gebildeten Bewertungseinheiten einzeln anzugeben.[27] Zu den **Arten** von Bewertungseinheiten werden in der Beschlussempfehlung des Rechtsausschusses[28] nur micro hedges, portfolio hedges und macro hedges genannt.[29] Damit **abgesicherte Risiken** können z. B. Zinsrisiken, Währungsrisiken, Bonitätsrisiken oder Preisrisiken sein.[30] Bei Grundgeschäften geforderte **Betrag**sangaben werden sich bei Vermögensgegenständen und Schulden auf die Buchwerte, bei schwebenden Geschäften und erwarteten Transaktionen auf das kontrahierte bzw. geplante risikobehaftete Volumen beziehen.[31] Je nach Größenordnung wird der Betrag regelmäßig für jede der in § 254 HGB genannten Kategorie in €, T€ oder Mio. € ausgedrückt werden dürfen. Gleiches gilt für die Betragsangaben betreffend die Höhe der abgesicherten Risiken. Für letzt genannte ist (lediglich) das Gesamtvolumen anzugeben.[32] Eine Differenzierung der **Risikohöhe** nach den jeweils abgesicherten Risiken wird also nicht verlangt. Dem Wortlaut des § 285 Nr. 23 Buchstabe a) HGB nach müssen auch die in die Bewertungseinheiten einbezogenen Sicherungsinstrumente nicht angegeben werden.

§ 285 Nr. 23 Buchstabe b) HGB verlangt nun konkrete Angaben im Zusammenhang mit der **Wirksamkeit (Effektivität)** gebildeter Bewertungseinheiten. Im Regierungsentwurf waren die Anforderungen insoweit noch allgemein mit dem Wortlaut „... inwieweit der Eintritt der Risiken ausgeschlossen ist" formuliert und wurden in der Gesetzesbegründung näher konkretisiert.[33] Der nun gewählte Wortlaut ist nicht nur im Gesetzestext konkreter, sondern geht hinsichtlich der Aspekte „Umfang" und „Zeitraum" der Wirksamkeit wohl über die zuvor in der Gesetzesbegründung konkretisierten Aspekte hinaus.

---

[27] Vgl. ZKA, Stellungnahme vom 18. 1. 2008 zum BilMoG Ref-E, S. 12 f.

[28] Vgl. Rechtsausschuss des Deutschen Bundestages, Beschlussempfehlung vom 24. 3. 2009 zum BilMoG Reg-E, BT-Drucks. 16/12407, S. 88 (im Folgenden: BT-Drucks. 16/12407).

[29] Vgl. dazu auch *Scharpf, P./Schaber, M.:* Bilanzierung von Bewertungseinheiten nach § 254 HGB-E (BilMoG), in: KoR 2008, S. 541 f.

[30] Vgl. BT-Drucks. 16/12407, S. 88.

[31] Vgl. *Kopatschek, M./Struffert, R./Wolfgarten, W.:* Bilanzielle Abbildung von Bewertungseinheiten nach BilMoG, Teil 2, in: KoR 2010, S. 333.

[32] Vgl. BT-Drucks. 16/12407, S. 88.

[33] Vgl. BT-Drucks. 16/10067, S. 73.

Für die Angaben zum Wirksamkeitszeitraum werden prospektive und retrospektive Wirksamkeitseinschätzungen erforderlich sein. Deren Ergebnisse sind dem Umfang nach anzugeben. Dafür kommen sowohl Betragsangaben als auch Prozent-Angaben in Betracht. Die Methoden, anhand derer diese Ergebnisse ermittelt wurden, sind zu erläutern und die damit erzielten Ergebnisse sind zu begründen. Bei Bildung komplexer Bewertungseinheiten kommen als Ermittlungsmethoden z. B. statistische Korrelationsverfahren, Sensitivitätsanalysen, Critical Term Match, Dollar-Offset-Methode oder Hypothetical-Derivative-Methode in Betracht.[34] In der Gesetzesbegründung wird darauf hingewiesen, dass die Detaillierung der geforderten Erläuterungen und Begründungen vom Umfang der gebildeten Bewertungseinheiten abhängig sind und dabei „insbesondere für den Bereich des sog. macro-hedging ausführlich auf die Verknüpfungen mit dem Risikomanagement einzugehen und ... zu erläutern (ist, Einfügung des Verfassers), wie Risiken verifiziert und gemessen werden und aus welchen Gründen davon auszugehen ist, dass die abgesicherten Risiken nicht eintreten."[35]

§ 285 Nr. 23 Buchstabe c) HGB verlangt gesonderte Erläuterungen zu solchen Grundgeschäften, die in **antizipative Bewertungseinheiten** einbezogen wurden. In der Fassung des Regierungsentwurfs wurden diese Erläuterungen nur in dessen Begründung als erforderlich angesehen.[36] Nun ist diese Anforderung explizit im Gesetzestext verankert. Konkretisierungen hierzu enthält die Beschlussempfehlung des Rechtsausschusses. Danach ist aufgrund Buchstabe c) des § 285 Nr. 23 HGB einerseits jeweils die Annahme des Tatbestandsmerkmals „hohe Wahrscheinlichkeit" plausibel zu begründen. Andererseits soll – über den Wortlaut der Vorschrift hinaus gehend – angegeben und begründet werden, dass in antizipative Bewertungseinheiten Sicherungsinstrumente mit einem unter ihren Anschaffungskosten liegenden beizulegenden Zeitwert einbezogen wurden und aus welchen Gründen ein hierzu kompensierend wirkender Ertrag zu erwarten ist.[37]

Die Inhalte der Anhangangabe nach § 285 Nr. 23 HGB weisen deutliche Überschneidungen zu der nach § 289 Abs. 2 Nr. 2 HGB im Lagebericht geforderten Berichterstattung betreffend Risikomanagementzielen und -methoden im Zusammenhang mit Finanzinstrumenten auf. Dem entsprechend dürfen die Angaben nach § 285 Nr. 23

---

[34] Vgl. *Ellrott, H.*, § 285 HGB, in: BeckBilKom, 7. Aufl., Anm. 408 m. w. N.

[35] BT-Drucks. 16/10067, S. 73.

[36] Vgl. BT-Drucks. 16/10067, S. 73.

[37] Vgl. BT-Drucks. 16/12407, S. 88.

3.1 Neue Anhangangaben für kleine GmbH

HGB dem Wortlaut der Vorschrift nach auch in den bei der kleinen GmbH ggf. fakultativ aufgestellten Lagebericht aufgenommen und dort mit den Angaben nach § 289 Abs. 2 Nr. 2 HGB – wie es die Gesetzesbegründung bezeichnet – zu einem „Risikobericht aus einem Guss" gebündelt werden. In diesem Fall empfiehlt es sich allerdings, in den Anhang einen entsprechenden Verweis auf die Berichterstattung im Lagebericht aufzunehmen. Dabei dürfen die sonst in den Anhang aufzunehmenden Angaben auch nur partiell in den Lagebericht integriert werden, „soweit" das bilanzierende Unternehmen dies für sachgerecht hält.[38]

Soweit Angaben nach § 285 Nr. 23 HGB in den Anhang aufzunehmen sind und Bewertungseinheiten für verschiedenartige Sachverhalte mit verschiedenartigen Risiken gebildet worden sind, eignet sich für ihre Präsentation aus Gründen der Klarheit und Übersichtlichkeit eine **tabellarische Darstellung**, beispielsweise wie folgt:

Grundgeschäft	Höhe (in Mio. €)	Art der Bewertungseinheit	abgesichertes Risiko	Wirksamkeit		
				Umfang (in %)	Zeitraum	
					retrospektiv	prospektiv
Vermögensgegenstände						
Schulden						
Schwebende Geschäfte						
Erwartete Transaktionen						
...	Summe					

Das Gesamtvolumen der abgesicherten Risiken beläuft sich auf ... Mio. €

Zu den Methoden der Wirksamkeitsmessung geben wir folgende Erläuterungen: ...

Zu den gebildeten antizipativen Bewertungseinheiten geben wir folgende Erläuterungen ...

ABB. 8: Beispiel zur Darstellung der Angaben nach § 285 Nr. 23 HGB im Anhang (Quelle: *Philipps, H.:* **Rechnungslegung nach BilMoG, Wiesbaden 2010, S. 283)**

---

[38] Vgl. auch IDW ERS HFA 35, in: IDW Fachnachrichten 2010, Anm. 96, S. 410.

Wurden nur einzelne Bewertungseinheiten gebildet oder durch die Bildung von Bewertungseinheiten nur gleichartige Risiken abgedeckt, kommt auch eine rein verbale Formulierung der Angaben in Betracht.

Für die Stellung der Angaben nach § 285 Nr. 23 HGB bietet sich sowohl bei tabellarischer Darstellung, als auch bei verbaler Formulierung eine Integration in die Beschreibung der Bilanzierungs- und Bewertungsmethoden an.

Praxisbeispiel für Angaben nach § 285 Nr. 23a) und b) HGB:

Angaben bei Beschreibung der Bilanzierungs- und Bewertungsmethoden

„Gemäß § 254 HGB liegt eine Bewertungseinheit in Form eines Portfolio-Hedges vor, da zur Refinanzierung von Ausleihungen in Höhe von maximal 114,0 Mio. € an das Beteiligungsunternehmen Steinkohlekraftwerk GEKKO fristenkongruent variabel verzinsliche Darlehen bei Kreditinstituten in Anspruch genommen werden. Mit dem parallelen Abschluss von Zinsswaps werden diese Kreditaufnahmen in festverzinsliche Darlehen umgewandelt, um mögliche Zinsänderungsrisiken abzusichern. Über die gesamte Finanzierungslaufzeit bis zum Jahr 2026 werden die zu zahlenden Zinsen einschließlich der Swapprämien durch die Guthabenzinsen gedeckt. Die zum 31. 12. 2009 gegebenen Ausleihungen sind vollständig refinanziert und in gleichem Umfang durch Zinsswaps abgesichert. Der sich zum Bilanzstichtag ergebende negative Marktwert der Zinsabsicherung in Höhe von -13,1 Mio. € ist aufgrund des Vorliegens der Bewertungseinheit nicht zu passivieren, da sich über die gesamte Laufzeit der Verträge tatsächlich kein Zinsrisiko ergibt."[39]

Praxisbeispiel für Angaben nach § 285 Nr. 23a)-c) HGB, bezogen auf mit hoher Wahrscheinlichkeit erwartete Transaktionen:

Angaben unter „Sonstige Erläuterungen"

„Derivative Finanzinstrumente zur Abdeckung von Währungsrisiken

Zur Absicherung von Währungsrisiken setzte die Bayer AG Devisentermin- und Devisenoptionsgeschäfte sowie Zins-/Währungsswaps ein.

...

---

[39] *Dortmunder Energie- und Wasserversorgung GmbH, Dortmund* (Hrsg.): Geschäftsbericht 2009, S. 49.

Zur Absicherung mit hoher Wahrscheinlichkeit erwarteter Geschäfte der Konzernunternehmen in Fremdwährung bestanden externe Devisentermin- und Devisenoptionsgeschäfte im Nominalwert von 3,2 Mrd. € (Vorjahr: 2,8. Mrd. €) mit einem beizulegenden Zeitwert von 97 Mio. € (Vorjahr: 50 Mio. €). Ihnen standen gegenläufige Geschäfte mit Unternehmen des Konzerns von nominal 3,6 Mrd. € (Vorjahr: 3,4 Mrd. €) gegenüber; ihr beizulegender Zeitwert belief sich auf -97 Mio. € (Vorjahr: -50 Mio. €). Wertänderungen korrespondierender externer und interner Geschäfte verhalten sich jeweils gegenläufig und gleichen sich mit Fälligkeit im Jahr 2010 aus. Die Geschäfte waren in Bewertungsportfolios zusammengefasst und wurden bilanziell nicht erfasst.

...

Zur Messung der Effektivität von Sicherungsbeziehungen wird im Regelfall die Dollar-Offset-Methode herangezogen, bei der die Fair Values von Grund- und Sicherungsgeschäft gegenübergestellt werden."[40]

3.1.4 Angaben zu Rückstellungen für Pensionen und ähnliche Verpflichtungen (§ 285 Nr. 24 HGB)

Ausweislich der Gesetzesbegründung kommt § 285 Nr. 24 HGB **klarstellende Bedeutung** hinsichtlich derjenigen Informationen zu, die in die Beschreibung der Bilanzierungs- und Bewertungsmethoden aufzunehmen sind.[41] Die Vorschrift soll – natürlich auch vor dem Hintergrund der mit § 253 Abs. 2 HGB neu gefassten Bewertungsvorschriften für Pensionsrückstellungen – insoweit für eine gewisse Vereinheitlichung und Vergleichbarkeit sorgen.

§ 285 Nr. 24 HGB verlangt für **Pensionsrückstellungen und Rückstellungen für ähnliche Verpflichtungen** folgende Angaben:

▶ das angewandte versicherungsmathematische Berechnungsverfahren und

▶ die grundlegenden Annahmen der Rückstellungsberechnung.

Zum **Begriff** „Rückstellungen für Pensionen und ähnliche Verpflichtungen" wird auf das einschlägige Schrifttum verwiesen.[42] Er ist nicht deckungsgleich mit dem in § 246

---

[40] *Bayer AG, Leverkusen* (Hrsg.): Geschäftsbericht 2009, S. 33-35.

[41] Vgl. BT-Drucks. 16/10067, S. 73.

[42] Vgl. z. B. *Ellrott, H./Rhiel, R.*, § 249 HGB, in: BeckBilKom, 7. Aufl., Anm. 151-163.

Abs. 2 Satz 2 HGB verwendeten Terminus „Altersversorgungsverpflichtungen oder vergleichbaren langfristig fälligen Verpflichtungen."

Geeignete **Berechnungsverfahren** werden das Anwartschaftsbarwertverfahren (Projected-Unit-Credit-Methode) sowie das ggf. modifizierte Teilwertverfahren sein. Die Wahl des angewandten Berechnungsverfahrens muss nicht begründet werden. Im Referentenentwurf wurde eine solche Begründung noch verlangt. Wegen erwarteter geringer Aussagekraft dieser Angabe wurde davon aber im Regierungsentwurf wieder abgesehen.[43]

Zu den angabepflichtigen **grundlegenden Annahmen** bei der Rückstellungsberechnung zählen insbesondere der Zinssatz, erwartete Lohn- und Gehaltssteigerungen und zugrunde gelegte Sterbetafeln. Hinsichtlich des Zinssatzes wird auch bei Nichtanwendung des § 253 Abs. 2 Satz 2 HGB die Angabe einer Bandbreite und/oder eines Durchschnittszinssatzes sachgerecht sein.[44] Durch das Wort „wie" bringt der Gesetzestext zum Ausdruck, dass daneben auch andere Annahmen angegeben werden müssen, wenn sie für die Rückstellungsberechnung grundlegend sind. Denkbar ist dies vor allem bei berücksichtigten Fluktuationswahrscheinlichkeiten oder Rententrends.

Infolge der genannten Zielsetzung der Vorschrift bietet es sich an, die nach § 285 Nr. 24 HGB geforderten Angaben nicht isoliert in den Anhang aufzunehmen, sondern in die (allgemeine) Beschreibung der bei den Rückstellungen für Pensionen und ähnliche Verpflichtungen angewendeten Bilanzierungs- und Bewertungsmethoden zu **integrieren**. Zwingend ist dies nicht, kann aber dazu beitragen, etwaige Redundanzen zu vermeiden.

Praxisbeispiele für Angaben nach § 285 Nr. 24 HGB:

Angaben bei Beschreibung der Bilanzierungs- und Bewertungsmethoden

...

„Rückstellungen für Pensionen und ähnliche Verpflichtungen sind nach den anerkannten versicherungsmathematischen Grundsätzen mittels der „Projected-Unit-Credit-

---

[43] Vgl. dazu auch IDW, Stellungnahme vom 4. 1. 2008 zum BilMoG Ref-E, S. 18.

[44] Nach Auffassung des IDW soll zum Zinssatz auch die Methodik seiner Ermittlung sowie die Anwendung oder Nichtanwendung der Vereinfachungsregelung des § 253 Abs. 2 Satz 2 HGB angegeben werden; vgl. IDW RS HFA 30, in: IDW Fachnachrichten 2010, Anm. 89, S. 448.

3.1 Neue Anhangangaben für kleine GmbH 41

Methode" errechnet. Als biometrische Rechnungsgrundlagen wurden die „Richttafeln 2005" von Klaus Heubeck verwendet. Im Berichtsjahr wird erstmalig ein von der Deutschen Bundesbank vorgegebener durchschnittlicher Marktzinssatz von 5,25 % bei der Bewertung zugrunde gelegt. Gehalts- und Rentenanpassungen sind mit 2,0 % p. a. eingerechnet. Neben den Verpflichtungen aus laufenden Pensionen und den am Bilanzstichtag bestehenden Anwartschaften sind auch Verpflichtungen für Deputate und Altersübergangsgeld im Ansatz berücksichtigt."[45]

Angaben bei Beschreibung der Bilanzierungs- und Bewertungsmethoden

...

„Die Rückstellungen wurden auf der Grundlage der neuen Fassung des § 253 HGB ermittelt. Anzusetzen ist hierbei der nach vernünftiger kaufmännischer Beurteilung notwendige Erfüllungsbetrag gem. § 253 Abs. 1 HGB. Alle Rückstellungen mit einer Laufzeit von mehr als einem Jahr wurden mit dem von der Deutschen Bundesbank veröffentlichten durchschnittlichen Marktzinssatz abgezinst (§ 253 Abs. 2 HGB). Dabei wurde gemäß Satz 2 des § 253 Abs. 2 HGB bei den langfristigen Personalrückstellungen pauschal eine Restlaufzeit von 15 Jahren angenommen. Damit wurde bei der Berechnung dieser Rückstellungen ein Zinssatz von 5,26 % angesetzt. ...

Die Bewertung der Pensionsrückstellungen erfolgte nach den anerkannten Grundsätzen der Versicherungsmathematik mittels der sog. „Projected-Unit-Credit-Methode" (PUC-Methode). Der Rückstellungsbetrag gemäß der PUC-Methode ist definiert als der versicherungsmathematische Barwert der Pensionsverpflichtungen, der von den Mitarbeitern bis zu diesem Zeitpunkt gemäß Rentenformel und Unverfallbarkeitsregelung aufgrund ihrer in der Vergangenheit abgeleisteten Dienstzeiten erdient worden ist. Als biometrische Rechnungsgrundlagen wurden die „Richttafeln 2005 G" von Klaus Heubeck verwandt. Der Gehaltstrend wurde mit 2,5 %, der Rententrend p. a. mit 2 % angenommen.

Im Vorjahr erfolgte die Bewertung zuvor genannter Rückstellungen auf der Grundlage des § 6a EStG nach versicherungsmathematischen Grundsätzen. Es wurden die Richttafeln 2005 G von Dr. Klaus Heubeck unter Heranziehung eines Zinssatzes von 5 % in Anlehnung an die Konzernvorgaben verwandt."[46]

---

[45] *Dortmunder Energie- und Wasserversorgung GmbH, Dortmund* (Hrsg.): Geschäftsbericht 2009, S. 53.

[46] *AWISTA Gesellschaft für Abfallwirtschaft und Stadtreinigung mbH, Düsseldorf* (Hrsg.): Jahresabschluss zum Geschäftsjahr vom 1. 1. 2009 bis zum 31.12.2009 und Lagebericht für das Geschäftsjahr 2009, S. 12.

Angaben bei Beschreibung der Bilanzierungs- und Bewertungsmethoden und den Erläuterungen der passivierten Rückstellungen

...

„Die Pensionsverpflichtungen wurden nach dem Projected-Unit-Credit-Verfahren unter Anwendung versicherungsmathematischer Grundsätze mit einem Zinsfuß von 5,25 % p. a. auf Basis der 2006 veröffentlichten Richttafeln 2005 G von Prof. Dr. Klaus Heubeck ermittelt." ... „Die Pensionsrückstellungen für leistungsorientierte Versorgungspläne sind nach dem Anwartschaftsbarwertverfahren entsprechend den Vorgaben nach HGB n. F. unter Berücksichtigung der künftigen Entwicklung bewertet. Im Einzelnen wird von einer jährlichen Steigerungsrate der Gehälter, soweit relevant von 0 % und der Pensionen von 2 % ausgegangen. Der Rechnungszins betrug 5,25 % nach 6 % im Vorjahr. Biometrische Rechnungsgrundlagen sind die Richttafeln 2005 G von Prof. Dr. Klaus Heubeck."[47]

Die nach § 285 Nr. 24 HGB erforderlichen Informationen können durchaus in einer kurzen Formulierung in den Anhang aufgenommen werden. Wegen fehlender Angaben zum angewandten versicherungsmathematischen Berechnungsverfahren, zu den in die Berechnung eingegangenen Lohn- und Gehaltssteigerungen sowie zu den zugrunde gelegten Sterbetafeln allerdings **nicht ausreichend** ist z. B. folgende Formulierung:

„Die Rückstellungen für Pensionen werden auf der Grundlage eines versicherungsmathematischen Gutachtens gebildet. Die Rückstellungen wurden erstmalig mit ihrem Erfüllungsbetrag angesetzt, hierbei wurde im Rahmen des BilMoG gemäß § 253 Abs. 2 Satz 2 HGB n. F. eine pauschale Restlaufzeit aller Verpflichtungen von 15 Jahren angenommen. Berücksichtigt wurde ein Rechenzinsfuß von 5,25 % und Rentensteigerungen in Höhe von 2 % p. a."

Im Zusammenhang mit der Bilanzierung von Rückstellungen für Pensionen sind übergangsweise zwei **weitere Anhangangaben** zu beachten, die im EGHGB kodifiziert sind. Hierzu wird auf die Erläuterungen zu den übergangsbedingten Angaben in Abschnitt 3.1.9 verwiesen.

---

[47] *INFO Gesellschaft für Informationssysteme AG, Hamburg* (Hrsg.): Jahresabschluss 2009, S. 9 und S. 14.

3.1.5 Angaben bei zulässiger Verrechnung von Vermögensgegenständen und Schulden (§ 285 Nr. 25 HGB)

Maßgeblich für diese neuen Angaben ist die Einführung der Saldierungspflicht für bestimmte Vermögensgegenstände und Schulden sowie der zugehörigen Aufwendungen und Erträge gemäß § 246 Abs. 2 Satz 2 HGB. § 285 Nr. 25 HGB verlangt in diesem Fall offen zu legen:

- die Anschaffungskosten der verrechneten Vermögenswerte und
- den beizulegenden Zeitwert der verrechneten Vermögenswerte und
- den Erfüllungsbetrag der verrechneten Schulden und
- die verrechneten Aufwendungen und Erträge und
- die grundlegenden Annahmen, die der Bestimmung des beizulegenden Zeitwertes mit Hilfe allgemein anerkannter Bewertungsmethoden zugrunde gelegt wurden; hierzu wird auf die Erläuterungen zu § 285 Nr. 20 HGB in Abschnitt 3.1.2. verwiesen.

Der Gesetzesbegründung zufolge werden mit der Angabe die ohne diese Verrechnung aus der Bilanz bzw. aus der Gewinn- und Verlustrechnung ersichtlichen Informationen in den Anhang verlagert.[48] Die Angaben nach § 285 Nr. 25 HGB bezwecken also, die gemäß § 246 Abs. 2 Satz 1 HGB geforderte **entsaldierte Bilanzierung** im Anhang **nachzuholen**. Dies erfordert anzugeben, welche Aktiv- und Passivposten in welcher Höhe miteinander verrechnet wurden, durch welche grundlegenden Annahmen die Wertermittlung der verrechneten Vermögensgegenstände beeinflusst wurde und welche aus der Bewertung der verrechneten Aktiv- und Passivposten resultierenden Aufwendungen und Erträge in welcher Höhe miteinander verrechnet worden sind.

Praxisbeispiele für Angaben nach § 285 Nr. 25 HGB:

Angaben bei den Erläuterungen zur Bilanz unter „Aktiver Unterschiedsbetrag aus der Vermögensverrechnung"

„Verpflichtungen aus Arbeitszeitkonten sind durch Vermögensgegenstände gesichert, die beim Bayer Pension Trust e. V., Leverkusen, im Rahmen eines Contractual Trust

---

[48] Vgl. BT-Drucks. 16/10067, S. 73.

Arrangements treuhänderisch angelegt sind. Die angelegten Vermögensgegenstände dienen ausschließlich der Erfüllung der Verpflichtungen aus Arbeitszeitkonten und sind dem Zugriff übriger Gläubiger entzogen. Sie wurden nach den BilMoG-Bestimmungen (§ 246 Abs. 2 Satz 2 HGB) im Geschäftsjahr erstmals mit den zugrunde liegenden Verpflichtungen verrechnet. Es handelt sich im Wesentlichen um Anteile an Spezialfonds, zu einem geringen Teil um Bankguthaben. Der in der nachstehenden Tabelle genannte beizulegende Zeitwert des beim Bayer Pension Trust angelegten Vermögens wurde, soweit es sich um Fondsanteile handelt, aus den Börsenkursen des Fondsvermögens am Abschlussstichtag abgeleitet."[49]

Aktiver Unterschiedsbetrag aus der Vermögensverrechnung

	31.12.2009
	in Mio €
Erfüllungsbetrag der Verpflichtungen aus Arbeitszeitkonten	0,9
Beizulegender Zeitwert des beim Bayer Pension Trust angelegten Vermögens	1,0
Überschuss des Vermögens über die Verpflichtungen aus Arbeitszeitkonten (Aktiver Unterschiedsbetrag)	0,1
Anschaffungskosten des beim Bayer Pension Trust angelegten Vermögens	0,9

ABB. 9: Angaben zum Posten „Aktiver Unterschiedsbetrag aus der Vermögensverrechnung"
im Anhang, Praxisbeispiel
(Quelle: *Bayer AG Leverkusen* (Hrsg.): Geschäftsbericht 2009, S. 19)

Angaben bei den Erläuterungen zur Bilanz unter „Rückstellungen für Pensionen und ähnliche Verpflichtungen"

„Verpflichtungen aus Pensionszusagen sind teilweise durch Vermögensgegenstände gesichert, die beim Bayer Pension Trust e. V., Leverkusen, im Rahmen eines Contractual Trust Arrangements treuhänderisch angelegt sind. Die angelegten Vermögensgegenstände dienen ausschließlich der Erfüllung der Pensionsverpflichtungen und sind dem Zugriff übriger Gläubiger entzogen. Sie wurden nach den BilMoG-Bestimmungen (§ 246 Abs. 2 Satz 2 HGB) im Geschäftsjahr erstmals mit den zugrundeliegenden Verpflichtungen verrechnet. Es handelt sich im Wesentlichen um Anteile an Spezialfonds, zu einem geringen Teil um Bankguthaben. Der in der nachstehenden Tabelle genannte beizulegende Zeitwert des beim Bayer Pension Trust angelegten Vermögens wurde,

---

[49] *Bayer AG, Leverkusen* (Hrsg.): Geschäftsbericht 2009, S. 18 f.

3.1 Neue Anhangangaben für kleine GmbH

soweit es sich um Fondsanteile handelt, aus den Börsenkursen des Fondsvermögens am Abschlussstichtag abgeleitet."[50]

Rückstellungen für Pensionen und ähnliche Verpflichtungen

	31.12.2009
	in Mio €
Erfüllungsbetrag der Pensionen und ähnlichen Verpflichtungen	2.873,0
Beizulegender Zeitwert des beim Bayer Pension Trust angelegten Vermögens	3,9
Nettowert der Pensionen und ähnlichen Verpflichtungen (Rückstellung)	**2.869,1**
Anschaffungskosten des beim Bayer Pension Trust angelegten Vermögens	3,4

ABB. 10: Angaben zu den Rückstellungen für Pensionen im Anhang nach Verrechnung mit Vermögensgegenständen, Praxisbeispiel
(Quelle: *Bayer AG Leverkusen* (Hrsg.): Geschäftsbericht 2009, S. 21)

---

[50] *Bayer AG, Leverkusen* (Hrsg.): Geschäftsbericht 2009, S. 21; Angaben zu verrechneten Aufwendungen und Erträgen finden sich dort auf S. 10.

Angaben bei den Erläuterungen zur Bilanz unter „Aktiver Unterschiedsbetrag aus der Vermögensverrechnung"

...

F. Aktiver Unterschiedsbetrag aus der Vermögensverrechnung

Der Posten beinhaltet den die entsprechenden Altersversorgungsverpflichtungen übersteigenden Betrag des zum Zeitwert bewerteten Deckungsvermögens (CTA) im Sinne von § 246 Abs. 2 Satz 3 HGB. Dieses Deckungsvermögen ist in einem Spezialfonds investiert, der als reiner Rentenfonds aufgelegt ist. Die Rückgabe der Anteile kann börsentäglich erfolgen.

Die Entwicklung dieses Postens sowie die Verrechnung mit den korrespondierenden Altersversorgungsverpflichtungen vom Zeitpunkt der Erstanwendung von BilMoG stellen sich wie folgt dar:

Posten	01.01.2009 €	Zugang €	Abschreibung €	31.12.2009 €
historische Anschaffungskosten des CTA	80.897.070	2.275.212	0	83.172.282
Zuschreibung auf den Zeitwert	1.705.486		0	0
Zeitwert des CTA	82.602.556	2.275.212	1.637.615	83.240.153
durch CTA finanzierte Pensionsrückstellung	73.327.203			76.228.182
aktiver Unterschiedsbetrag aus der Vermögensverrechnung	9.275.353			7.011.971

...

Die aus dem Deckungsvermögen resultierenden ausgeschütteten Erträge, die Abschreibungen aufgrund des Zeitwertrückgangs sowie die Verrechnung mit den Zinsaufwendungen der korrespondierenden Erfüllungsbeträge der Pensionsrückstellungen im Geschäftsjahr 2009 sind nachstehend abzulesen:

Posten	€
ausgeschüttete Erträge aus dem CTA-Vermögen	3.094.700
Abschreibungen auf das CTA-Vermögen	1.637.615
Nettoertrag aus dem CTA-Vermögen	**1.457.085**
Zinsaufwand aus korrespondierender Pensionsrückstellung	3.871.298
nach Verrechnung mit dem Nettoertrag verbleibender Zinsaufwand* der durch das CTA-Vermögen gedeckten Pensionsrückstellung	**2.414.213**

* Der verbleibende Zinsaufwand ist in der GuV-Position II. 2. Sonstige Aufwendungen enthalten.

ABB. 11: Angaben zum Posten „Aktiver Unterschiedsbetrag aus der Vermögensverrechnung"
im Anhang, Praxisbeispiel 2
(Quelle: HALLESCHE Krankenversicherungsgesellschaft auf Gegenseitigkeit, Stuttgart (Hrsg.):
Geschäftsbericht 2009, S. 60 f.)

3.1.6 Angaben zu Investmentanteilen (§ 285 Nr. 26 HGB)

Die Angaben nach § 285 Nr. 26 HGB dienen dazu, die Konsolidierung von Anteilen oder Anlageaktien an inländischen Investmentvermögen oder ausländischen Investmentanteilen zu vermeiden, gleichwohl die Abschlussadressaten mit hinreichenden Informationen auch über mit diesen Investmentvermögen verbundene Risiken zu versorgen. Insoweit fungiert die Anhangangabe als **Konsolidierungssurrogat**.[51] Insbesondere werden den Abschlussadressaten durch die Angaben die in den Anteilen oder Anlageaktien an Investmentvermögen ruhenden stillen Reserven und stillen Lasten gezeigt[52]. Damit wird auch erkennbar, ob Wertminderungen von Fondsteilen durch Werterhöhungen anderer Fondsteile still ausgeglichen werden.[53]

Der Anhangangabe nach § 285 Nr. 26 HGB unterliegt folgendes **Investmentvermögen:**

▶ Anteile an inländischen Investmentvermögen i. S. d. § 1 InvG von mehr als 10 %

▶ Anlageaktien i. S. d. § 96 Abs. 1 InvG von mehr als 10 % und

▶ vergleichbare ausländische Investmentanteile i. S. d. § 2 Abs. 9 InvG von mehr als 10 %.

Dagegen sind stimmberechtigte Unternehmensaktien im Sinn von § 96 Abs. 1 InvG und vergleichbare Anlagen in ausländischen Investmentanteilen von der Anhangangabe nicht erfasst, denn für diese ist jeweils die Frage der Konsolidierung zu prüfen.

Zu den vorgenannten Investmentvermögen sind gemäß § 285 Nr. 26 folgende **Angaben** zu machen:

▶ bei inländischem Investmentvermögen: der Wert i. S. d. § 36 InvG (Marktwert),

▶ bei ausländischem Investmentvermögen, sofern das jeweilige ausländische Investmentrecht eine dem § 36 InvG vergleichbare Bewertung verlangt: dieser Wert,

---

[51] Vgl. BT-Drucks. 16/10067, S. 76.

[52] Vgl. Bundesregierung, Gegenäußerung zur Stellungnahme des Bundesrates vom 4. 7. 2008 zum BilMoG Reg-E, Anlage 4 zu BT-Drucks. 16/10067, S. 123.

[53] Vgl. *Lüdenbach, N./Hoffmann, W.-D.:* Die wichtigsten Änderungen der HGB-Rechnungslegung durch das BilMoG, in: StuB 2009, S. 311.

▶ bei ausländischem Investmentvermögen, sofern das jeweilige ausländische Investmentrecht keine dem § 36 InvG vergleichbare Bewertung verlangt: ein nach § 36 InvG ermittelter Wert,

▶ die Differenz des Marktwertes (oder bei ausländischem Investmentvermögen ggf. des vergleichbaren Wertes) zum Buchwert des Investmentvermögens (Zweck: Hinweis auf stille Reserven oder stille Lasten),

▶ die für das Geschäftsjahr erfolgte Ausschüttung,

▶ Beschränkungen in der Möglichkeit der täglichen Rücknahme (Zweck: Hinweise auf ungewöhnliche Verhältnisse) und

▶ die Gründe, dass eine außerplanmäßige Abschreibung wegen voraussichtlich nur vorübergehender Wertminderung nicht vorgenommen wurde (§ 253 Abs. 3 Satz 4 HGB), einschließlich der für die voraussichtlich nicht dauernde Wertminderung sprechenden Anhaltspunkte (Zweck: Hinweise darauf, dass die Abschreibungsnotwendigkeit nach den für Direktanlagen notwendigen Kriterien geprüft wurde).

Bestehen keine Beschränkungen in der Möglichkeit der täglichen Rücknahme und/oder wurden keine außerplanmäßigen Abschreibungen unterlassen, ist keine Negativerklärung erforderlich.

Hinsichtlich der unterlassenen Abschreibungen geht § 285 Nr. 26 HGB der Angabe nach § 285 Nr. 19 HGB als **speziellere Vorschrift** vor, d. h. insoweit sind diese Angaben dort nicht zu machen. Gleichwohl wird sich in diesen Fällen bei den Angaben gemäß § 285 Nr. 18, 19 und 20 HGB zu Finanzinstrumenten ein entsprechender Hinweis empfehlen.

Die genannten Angaben sind **nach Anlagezielen aufzugliedern**; als Beispiele für Anlageziele werden in der Gesetzesbegründung genannt[54]: Aktienfonds, Rentenfonds, Immobilienfonds, Mischfonds, Hedgefonds, sonstige Spezial-Sondervermögen u. a. Einzelangaben für jedes Investmentvermögen in der Form der Darstellung des Anteilsbesitzes nach § 285 Nr. 11 und 11a HGB werden demnach nicht verlangt. Vielmehr sind die geforderten Angaben anlagezielbezogen zu aggregieren.

Entsprechende **Vorjahresangaben** werden nicht verlangt.

---

[54] Vgl. BT-Drucks. 16/10067, S. 74.

3.1 Neue Anhangangaben für kleine GmbH

Ist über eine Vielzahl von Investmentanteilen mit verschiedenen Anlagezielen zu berichten, wird für die **Präsentation** der nach § 285 Nr. 26 HGB geforderten Angaben eine tabellarische Darstellung der quantitativen Größen zweckmäßig sein, außerhalb der Tabelle ergänzt um die verbal zu machenden Angaben. Dazu nachfolgend ein Beispiel:

		quantitative Angaben nach § 285 Nr. 26 HGB		
	Marktwert	Differenz Marktwert/Buchwert	Ausschüttungen für das Geschäftsjahr	Unterlassene außerplanmäßige Abschreibungen
Aktienfonds				
Rentenfonds				
Immobilienfonds				
...				
...				
...				
Summe				

Verbale Angaben nach § 285 Nr. 26 HGB:
Angaben zu Beschränkungen in der Möglichkeit der täglichen Rückgabe ...
Begründungen zu unterlassenen außerplanmäßigen Abschreibungen ...

ABB. 12: Beispiel zur Darstellung der Angaben nach § 285 Nr. 26 HGB im Anhang
(Quelle: *Philipps, H.: Rechnungslegung nach BilMoG*, Wiesbaden 2010, S. 288)

Bei einer nur geringen Zahl von Investmentanteilen oder Investmentanteilen mit nur einem Anlageziel kommt auch eine Formulierung der Angaben als reine Textform in Betracht.

Praxisbeispiele für Angaben nach § 285 Nr. 26 HGB:

Angaben bei den Erläuterungen zur Bilanz unter „Anlagevermögen"

...

„Bei den Wertpapieren des Anlagevermögens handelt es sich um Wertpapierspezialfonds, die in den Vorjahren bei fünf Investmentgesellschaften aufgelegt wurden. Der Gesamtbuchwert beträgt 335,7 Mio. €. Der Marktwert beläuft sich auf 359,1 Mio. Euro. Für das Geschäftsjahr erfolgten Ausschüttungen in Höhe von 12,1 Mio. €."[55]

---

[55] *Dortmunder Energie- und Wasserversorgung GmbH, Dortmund* (Hrsg.): Geschäftsbericht 2009, S. 55.

Angaben bei den Erläuterungen zur Bilanz unter „Investmentanteile"

B. III. 1. Investmentanteile

Art des Fonds/Anlageziel	Buchwert 31.12.2009 €	Marktwert 31.12.2009 €	Differenz €	Ausschüttung 2009 €
gemischte Fonds				
AL-Trust H1 Fonds	155.622.449	155.622.449	0	5.603.356
AL-Trust H2 Fonds	131.360.993	131.360.993	0	4.136.366
Insgesamt	286.983.442	286.983.442	0	9.739.722

Die hier aufgeführten Fonds können börsentäglich zurückgegeben werden. Die Bewertung erfolgt nach dem Niederstwertprinzip. Der § 341b Abs. 2 Satz 1 2. Halbsatz HGB findet keine Anwendung. Insoweit bestehen am Bilanzstichtag keine stillen Lasten. Die aufgeführten Ausschüttungen beinhalten anrechenbare Ertragsteuern und wurden ertragswirksam vereinnahmt.

ABB. 13: Angaben zu Investmentanteilen im Anhang, Praxisbeispiel
(Quelle: *HALLESCHE Krankenversicherungsgesellschaft auf Gegenseitigkeit, Stuttgart* (Hrsg.): Geschäftsbericht 2009, S. 60)

3.1.7 Angaben zu Haftungsverhältnissen (§ 285 Nr. 27 HGB)

Die Angabe nach § 285 Nr. 27 HGB soll der Gesetzesbegründung zufolge mit Eventualschulden i. S. d. § 251 HGB verbundene **Risiken transparent machen**.[56] Dazu sind die Gründe, d. h. die Erwägungen darzustellen, die zur Annahme einer nur geringen Inanspruchnahmewahrscheinlichkeit und somit zum Ausweis der Eventualschulden unter der Bilanz oder im Anhang geführt haben. Dies erfordert eine **Sachverhaltsbeurteilung in qualitativer Hinsicht**. Dabei sind alle bekannten Risiken der Inanspruchnahme zu würdigen.

Die Anforderung des § 285 Nr. 27 HGB lässt sich z. B. durch folgende **Formulierung** erfüllen:

„Die Inanspruchnahmewahrscheinlichkeit der unter der Bilanz ausgewiesenen Verbindlichkeiten aus Bürgschaften schätzen wir aufgrund der gegenwärtigen Bonität und des bisherigen Zahlungsverhaltens der Begünstigten als gering ein. Erkennbare Anhaltspunkte, die eine andere Beurteilung erforderlich machen würden, liegen uns nicht vor."[57]

---

[56] Vgl. BT-Drucks. 16/10067, S. 74 f.

[57] *Philipps, H.*: Rechnungslegung nach BilMoG, Wiesbaden 2010, S. 289.

Gemäß § 268 Abs. 7 HGB sind die in § 251 genannten Eventualschulden im Anhang jeweils gesondert anzugeben, d. h. aufzuschlüsseln. Daher werden dann stets auch die geforderten Gründe für die Einschätzung ihres Inanspruchnahmerisikos jeweils **gesondert** angegeben werden müssen.

Eine alternative Einbeziehung der Angabepflichten nach § 285 Nr. 27 HGB in die Risikoberichterstattung im von kleinen GmbH ggf. fakultativ aufgestellten **Lagebericht** kann die entsprechenden Anhangangaben der Gesetzesbegründung zufolge nicht ersetzen.[58]

Wie bei der Angabe nach § 285 Nr. 13 HGB müssen die im Hinblick auf § 285 Nr. 27 HGB angeführten Gründe tatsächlichen Informationsgehalt aufweisen. Formulierungen wie

„Nach unserer Einschätzung bestehen derzeit keine Anhaltspunkte für Risiken, uns aus den o. g. Haftungsverhältnissen in Anspruch zu nehmen" oder „Das Risiko für die Inanspruchnahme wird als gering eingeschätzt"

sind insoweit **ungeeignet** und erfüllen die gesetzliche Anforderung nicht. Die als gering eingeschätzte Inanspruchnahmewahrscheinlichkeit folgt bereits aus der Nichtbilanzierung der im Anhang angegebenen Haftungsverhältnisse. Angesichts dessen, kommt den genannten Formulierungen allenfalls klar stellende Bedeutung, aber kein eigenständiger Informationsgehalt zu.

Praxisbeispiele für Angaben nach § 285 Nr. 27 HGB:

Angaben unter „Sonstige Erläuterungen", Haftungsverhältnisse

...

„Bürgschaften, Garantien und Patronatserklärungen wurden nahezu ausschließlich zugunsten von Tochtergesellschaften abgegeben. Die zugrunde liegenden Verpflichtungen können von den betreffenden Gesellschaften nach unseren Erkenntnissen in allen Fällen erfüllt werden; mit einer Inanspruchnahme ist nicht zu rechnen."[59]

---

[58] Vgl. BT-Drucks. 16/10067, S. 75.
[59] *Bayer AG, Leverkusen* (Hrsg.): Geschäftsbericht 2009, S. 25.

Angaben bei den „Erläuterungen zur Bilanz und zur Gewinn- und Verlustrechnung" unter „Eventualverbindlichkeiten und andere Verpflichtungen"

„Zur Einschätzung des latenten Risikos der Inanspruchnahme aus Eventualverbindlichkeiten und anderen Verpflichtungen wird ein vergangenheitsbasiertes Durchschnittsmodell, ergänzt um einen Risikoaufschlag, verwendet und entsprechende Vorsorgereserven gebildet. Aufgrund der wirtschaftlichen Verhältnisse unserer Kunden und der sich wieder entspannenden Wirtschaftslage halten wir unsere so ermittelte Risikoeinschätzung und die sich daraus ergebende Vorsorge für angemessen. Darüber hinaus werden bei Vorliegen von akuten Risiken der Inanspruchnahme individuelle Risikovorsorgen getroffen."[60]

Angaben unter „Sonstige Angaben"

...

„Das Risiko, aus dieser Gesamtverpflichtung in Anspruch genommen zu werden, liegt in der drohenden Insolvenz von Lebensversicherungsunternehmen oder Pensionskassen, die durch den Sicherungsfonds aufzufangen wären. Die Höhe der jeweiligen Inanspruchnahme hängt dabei von dem Volumen des zu übertragenden Bestandes ab. Jedoch ist trotz der in 2008 eingetretenen Finanzmarktkrise die Lage der Lebensversicherungsunternehmen und Pensionskassen mit wenigen Ausnahmen bemerkenswert stabil. Bei den wenigen Unternehmen, die aktuell Schwierigkeiten haben, wurden durch die Mutterunternehmen bereits Gegensteuerungsmaßnahmen getroffen, so dass uns momentan kein drohender Insolvenzfall bekannt ist, der durch die Protektor Lebensversicherungs-AG aufzufangen wäre. Deshalb ist nach unserer Einschätzung eine mögliche Inanspruchnahme aus dieser Verpflichtung mit wesentlichen Auswirkungen sowohl im Hinblick auf den Sonderbeitrag als auch der übrigen Verpflichtung derzeit als eher unwahrscheinlich anzusehen."[61]

---

[60] *VTB Bank (Deutschland) AG, Frankfurt am Main* (Hrsg.): Geschäftsbericht 2009, S. 44.V.

[61] *ALTE LEIPZIGER Lebensversicherung auf Gegenseitigkeit, Oberursel/Taunus* (Hrsg.): Geschäftsbericht 2009, S. 78.

3.1.8 Angaben zu ausschüttungsgesperrten Beträgen (§ 285 Nr. 28 HGB)

Die Vorschrift des § 285 Nr. 28 HGB ergänzt die ebenfalls mit dem BilMoG neu in das HGB eingeführte Vorschrift des § 268 Abs. 8 HGB (Ausschüttungssperre).[62]

§ 285 Nr. 28 HGB verpflichtet dazu, im Anhang den Gesamtbetrag der Beträge i. S. d. § 268 Abs. 8 HGB anzugeben und **aufzuschlüsseln** in Beträge aus der

- Aktivierung selbst geschaffener immaterieller Anlagevermögensgegenstände und

- Aktivierung latenter Steuern sowie

- Aktivierung von Vermögensgegenständen zum beizulegenden Zeitwert.

Damit wird der Gesetzesbegründung zufolge den Abschlussadressaten gezeigt, in welchem Umfang im Jahresabschluss Beträge enthalten sind, die aus Gründen des Gläubigerschutzes nicht ausgeschüttet werden dürfen, sofern nicht in zumindest derselben Höhe jederzeit auflösbare Gewinnrücklagen zuzüglich eines Gewinnvortrags und abzüglich eines Verlustvortrags im Unternehmen vorhanden sind.[63]

Diese Angabe lässt sich aus den in der Bilanz zum jeweiligen Stichtag ausgewiesenen Beständen i. S. d. § 268 Abs. 8 Sätze 1-3 HGB unter Berücksichtigung des für die Ermittlung der latenten Steuern verwendeten Steuersatzes ableiten. Eines jährlich fortzuschreibenden „Ausschüttungssperrspiegels", der nach dem Wortlaut des § 268 Abs. 8 HGB in der Fassung des Reg-E erforderlich gewesen wäre, bedarf es dazu nicht.

Sind keine entsprechenden Bestände vorhanden, entfällt die Angabe. Sind nicht alle der in § 268 Abs. 8 Sätze 1-3 HGB genannten Bestände vorhanden, ist die Angabe nur für die jeweils vorhandenen Bestände zu machen.

Folgendes **Beispiel** verdeutlicht die Ermittlung Ausschüttungssperre gemäß § 268 Abs. 8 HGB[64]:

---

[62] Vgl. dazu *Philipps, H.*: Rechnungslegung nach BilMoG, Wiesbaden 2010, S. 178-185.
[63] Vgl. BT-Drucks. 16/10067, S. 75.
[64] Entnommen aus *Philipps, H.*: Rechnungslegung nach BilMoG, Wiesbaden 2010, S. 184 f.

Die X-GmbH habe im Geschäftsjahr 01 (ein beliebiges Geschäftsjahr mit Beginn nach dem 31. 12. 2009) selbst erstellte immaterielle Vermögensgegenstände des Anlagevermögens in Höhe von 100 T€ und bei Gegenständen des Planvermögens über die Anschaffungskosten hinausgehende beizulegende Zeitwerte in Höhe von 50 T€ aktiviert. Bei einem mit 30 % angenommenen Ertragsteuersatz i. S. d. § 274 HGB (für KSt, GewSt und SolZ) resultieren daraus latente Steuerbelastungen in Höhe von 45 T€, die gemeinsam mit aus weiteren Sachverhalten resultierenden latenten Steuerbelastungen in Höhe von 35 T€ passiviert wurden. Zudem hat die X-GmbH zum 31. 12. 01 latente Steuerentlastungen in Höhe von 100 T€ aktiviert (Bruttoausweis).

Der Jahresüberschuss der X-GmbH für das Geschäftsjahr 01 betrage 200 T€. Die Bilanz der X-GmbH weist zum 31. 12. 01 frei verfügbare Rücklagen (Kapitalrücklage gemäß § 272 Abs. 2 Nr. 4 und Gewinnrücklage gemäß § 266 Abs. 3 Nr. 4 HGB) in Höhe von insgesamt 150 T€ aus. Ein Ergebnisvortrag aus dem Vorjahr besteht nicht.

Unter diesen Annahmen darf die X-GmbH aus dem Jahresüberschuss 01 und den zum 31. 12. 01 vorhandenen Rücklagen einen Betrag von insgesamt 225 T€ ausschütten; eine „Verwendungsreihenfolge" ist dabei aus dem Gesetz nicht ableitbar. Dieses Ergebnis ermittelt sich rechnerisch wie folgt:

Aktivierung selbst erstellter immaterieller Anlagevermögensgegenstände	+ 100 T€
- hierfür gebildete passive latente Steuern	- 30 T€
+ Über die Anschaffungskosten hinaus gehender Zeitwertansatz bei Gegenständen des Planvermögens	+ 50 T€
- hierfür gebildete passive latente Steuern	- 15 T€
+ Bilanzierter Aktivüberhang latenter Steuern	+ 20 T€
Ausschüttungsgesperrter Betrag aus Geschäftsjahr 01	**= 125 T€**
Freie Rücklagen zum 31. 12. 01	+ 150 T€
+ Jahresüberschuss Geschäftsjahr 01	+ 200 T€
- ausschüttungsgesperrter Betrag aus Geschäftsjahr 01	- 125 T€
Zur Ausschüttung verfügbarer Betrag zum 31. 12. 01	**= 225 T€**

3.1 Neue Anhangangaben für kleine GmbH

Das so ermittelte Ausschüttungsvolumen übersteigt den Betrag, der maximal ausgeschüttet werden dürfte, wenn die im Beispiel genannten Aktivbestände und die (hierfür) gebildeten passiven latenten Steuern – mangels entsprechenden Rechnungslegungsvorschriften – nicht zu buchen gewesen wären. In diesem Fall würde sich lediglich ein Jahresüberschuss in Höhe von 95 T€ ermitteln. Dieser ist in Höhe des Aktivsaldos der übrigen latenten Steuern für die Ausschüttung gesperrt und damit nur in Höhe von 30 T€ ausschüttbar. Daneben dürfen die freien Rücklagen in Höhe von (unverändert) 150 T€ ausgeschüttet werden. Ausschüttbar ist in diesem Fall also ein Betrag in Höhe von **180 T€**. Ursächlich für die Differenz ist die doppelte Berücksichtigung der passiven latenten Steuern nämlich zum einen originär bei den Sachverhalten gemäß § 268 Abs. 8 Satz 1 und 3 HGB (im Beispiel 45 T€) und zum anderen (saldiert) innerhalb des Aktivüberhangs latenter Steuern gemäß § 268 Abs. 8 Satz 2 HGB (im Beispiel 20 T€). Um dieses zweifellos unerwünschte Ergebnis zu vermeiden, ist der gemäß § 268 Abs. 8 HGB zur Ausschüttung gesperrte Betrag um die in Satz 1 und Satz 3 der Vorschrift genannten passiven latenten Steuern zu erhöhen (im Beispiel 45 T€).

Für den Fall, dass für alle in § 268 Abs. 8 Sätze 1-3 HGB aufgeführten Sachverhalte Bestände bilanziert sind, lässt sich die Anhangangabe nach § 285 Nr. 28 HGB beispielhaft wie folgt formulieren:

Für die Ausschüttung gesperrte Beträge i. S. d. § 268 Abs. 8 HGB bestehen in Höhe von 125 T€. Davon entfallen auf die:

Aktivierung selbst erstellter immaterieller Vermögensgegenstände des Anlagevermögens	70 T€
Aktivierung latenter Steuern	20 T€
Aktivierung von Vermögensgegenständen zum beizulegenden Zeitwert	35 T€

Praxisbeispiele für Angaben nach § 285 Nr. 28 HGB:

Angaben gesondert am Ende der Erläuterungen zur Gewinn- und Verlustrechnung

„Ausschüttungssperre

Zum 31.12.2009 unterliegt nach § 268 Abs. 8 HGB ein Gesamtbetrag in Höhe von 2.348 T€ der Ausschüttungssperre. Der Betrag betrifft in voller Höhe die unter Punkt 9. erläuterten aktiven latenten Steuern."[65]

Angaben bei den Erläuterungen zur Bilanz unter „Eigenkapital"

...

„Den Kapital- bzw. Gewinnrücklagen in Höhe von insgesamt 27,6 Mio. € stehen saldierte aktive latente Steuern in Höhe von 20,4 Mio. € gegenüber. In Höhe der aktiven latenten Steuern besteht gemäß § 268 Abs. 8 HGB i. V. m. § 301 AktG eine Ausschüttungs- bzw. Abführungssperre."[66]

Angaben bei den Erläuterungen zur Bilanz unter „Eigenkapital"

...

„Angaben zu ausschüttungsgesperrten Beträgen i. S. d. § 268 Abs. 8 HGB

Zur Sicherung von Pensionsverpflichtungen und Guthaben aus Arbeitszeitkonten sind im Rahmen eines Contractual Trust Arrangements Mittel zweckgebunden und insolvenzgeschützt in den Bayer Pension Trust e. V., Leverkusen, eingebracht worden. Sie sind in Anwendung von § 253 Abs. 1 Satz 4 HGB zum beizulegenden Zeitwert bewertet. Dieser beläuft sich zum Abschlussstichtag auf 4,9 Mio. € und liegt damit um 0,6 Mio. € über den Anschaffungskosten von 4,3 Mio. €. Dem Mehrbetrag von 0,6 Mio. € stehen frei verfügbare Gewinnrücklagen von 4.940 Mio. € gegenüber. Eine Ausschüttungssperre in Bezug auf den Bilanzgewinn von 1.158 Mio. € besteht daher nicht."[67]

---

[65] *INFO Gesellschaft für Informationssysteme AG, Hamburg* (Hrsg.): Jahresabschluss 2009, S. 17.

[66] *Dortmunder Energie- und Wasserversorgung GmbH, Dortmund* (Hrsg.): Geschäftsbericht 2009, S. 57.

[67] *Bayer AG, Leverkusen* (Hrsg.): Geschäftsbericht 2009, S. 25.

3.1.9 Übergangsbedingte Angaben gemäß Art. 66 und 67 EGHGB sowie übergangsbedingt inhaltliche Ausfüllung bestehender Angaben

Sofern die Übergangsvorschrift des Art. 67 Abs. 1 Satz 1 EGHGB angewendet wird, ist nach Art. 67 Abs. 2 EGHGB der Unterschiedsbetrag zwischen dem (niedrigeren) Bilanzwert der für laufende Pensionen und Anwartschaften auf Pensionen gebildeten Rückstellungen und dem auf der Basis der Bewertung nach § 253 Abs. 2 HGB ermittelten (höheren) vollen Verpflichtungsumfang anzugeben, der ohne Inanspruchnahme der Übergangsregelung zu passivieren wäre (Betrag der **Unterdeckung**). Anzugeben ist dazu nur der Unterschiedsbetrag, der regelmäßig entsprechend beauftragten Pensionsgutachten entnommen werden kann. Seine Verteilung bis zum Ablauf des Übergangszeitraums gemäß Art. 67 Abs. 1 EGHGB ist nicht zu beschreiben und auch nicht zu begründen.

Sofern die Übergangsvorschrift des Art. 67 Abs. 1 Satz 2 EGHGB zur Anwendung kommt, ist der Betrag der Überdeckung gemäß Satz 4 der Vorschrift im Anhang anzugeben. Diese Angabe wird nicht allein bei Rückstellungen für Pensionen sondern für alle Rückstellungen unabhängig vom Verpflichtungsgrund verlangt.

Praxisbeispiele für Angaben nach Art. 67 Abs. 1 Satz 4 und Abs. 2 EGHGB:

Angaben bei Beschreibung der Erläuterungen zur Bilanz unter „Rückstellungen"

...

„Bei der im Vorjahr erstmalig gebildeten Rückstellung für die Nachsorgeverpflichtung auf der Zentraldeponie Hubbelrath wurde das Beibehaltungswahlrecht nach Art. 67 Abs. 1 EGHGB genutzt, so dass die Verpflichtung weiterhin mit 1.300 T€ passiviert bleibt. Die Überdeckung beträgt zum 31. 12. 2009 746 T€."[68]

---

[68] *AWISTA Gesellschaft für Abfallwirtschaft und Stadtreinigung mbH, Düsseldorf* (Hrsg.): Jahresabschluss zum Geschäftsjahr vom 1. 1. 2009 bis zum 31.12.2009 und Lagebericht für das Geschäftsjahr 2009, S. 14.

Angaben bei Beschreibung der Bilanzierungs- und Bewertungsmethoden

...

„Durch die erstmalige Anwendung der Bestimmungen des BilMoG hat sich bei der Bewertung der Rückstellungen zum 1.1.2009 ein Auflösungsbetrag von 154 Mio. € ergeben. Dieser wurde in Anwendung der Bestimmung in Art. 67 Abs 1 Satz 3 EGHGB ergebnisneutral in die anderen Gewinnrücklagen eingestellt."[69]

Angaben bei den Erläuterungen zur Bilanz unter „Rückstellungen"

...

„Nach Art. 67 Abs. 1 EGHGB wurde die aufgrund der geänderten Bewertung der laufenden Pensionen und Anwartschaften auf Pensionen erforderliche Zuführung zu 25 % berücksichtigt. Gemäß Art. 67 Abs. 2 EGHGB beträgt der noch zuzuführende Betrag 13,4 Mio €."[70]

Angaben bei den „Erläuterungen zur Bilanz und zur Gewinn- und Verlustrechnung" unter „Rückstellungen"

...

„Durch die Umstellung der Bewertung der Pensionsrückstellungen nach BilMoG ergibt sich ein zusätzlicher einmaliger Rückstellungsbetrag in Höhe von 2.446 T€. Von der Übergangsregelung gemäß Art. 67 Abs. 1 Satz 2 EGHGB wurde Gebrauch gemacht und von diesem Betrag ein fünfzehntel den Pensionsrückstellungen in Höhe von 163 T€ zugeführt. Die Zuführung wird in der Gewinn- und Verlustrechnung als außerordentlicher Aufwand gezeigt. Der noch nicht in der Bilanz ausgewiesene Betrag aus der Erstanwendung in Höhe von 2.283 T€ wird innerhalb des verbleibenden Übergangszeitraums den Pensionsrückstellungen zugeführt."[71]

---

[69] *Bayer AG, Leverkusen* (Hrsg.): Geschäftsbericht 2009, S. 8.

[70] *Dortmunder Energie- und Wasserversorgung GmbH, Dortmund* (Hrsg.): Geschäftsbericht 2009, S. 58.

[71] *VTB Bank (Deutschland) AG, Frankfurt am Main* (Hrsg.): Geschäftsbericht 2009, S. 41.

3.1 Neue Anhangangaben für kleine GmbH

Art. 66 Abs. 3 Satz 6 EGHGB ermöglicht, die durch das BilMoG geänderten Rechnungslegungsvorschriften (freiwillig) bereits im nach dem 31.12.2008 beginnenden Geschäftsjahr anzuwenden, dies jedoch nur insgesamt und unter entsprechender Angabe im Anhang.

Art. 67 Abs. 8 Satz 2 EGHGB bestimmt, dass im Jahresabschluss für das Geschäftsjahr der erstmaligen Anwendung der durch das BilMoG geänderten Rechnungslegungsvorschriften Vorjahreszahlen angegeben werden müssen, indes unangepasst bleiben dürfen und hierauf dann im Anhang lediglich hinzuweisen ist. Eine Anpassung der Vorjahreszahlen oder eine Erläuterung nicht angepasster Vorjahreszahlen im Anhang wird demnach nicht verlangt, bleibt gleichwohl freiwillig zulässig.

Praxisbeispiele für Angaben nach Art. 66 Abs. 3 Satz 6 und Art. 67 Abs. 8 Satz 2 EGHGB:

Angaben unter „Allgemeine Angaben" vor Beschreibung der Bilanzierungs- und Bewertungsmethoden

„Der Jahresabschluss der hotel.de AG ist zum 31.12.2009 nach den neuen Vorschriften des Handelsgesetzbuches und des Aktiengesetzes, wie sie am 25.5.2009 verkündet wurden (BilMoG) aufgestellt worden. Die Gesellschaft hat das Wahlrecht gemäß Art. 66 Abs. 3 Satz 6 EGHGB in Anspruch genommen und die Vorschriften des Bilanzrechtsmodernisierungsgesetzes (BilMoG) bereits im Geschäftsjahr 2009 angewandt. Die Vorschriften werden in ihrer Gesamtheit angewandt. Gemäß Art. 67 Abs. 8 Satz 2 EGHGB wurden die Vorjahresvergleichszahlen aufgrund dieses Wahlrechts nicht angepasst."[72]

Angaben unmittelbar nach der Überschrift „Anhang 2009"

„Der Jahresabschluss von DEW21 für das Geschäftsjahr 2009 wurde nach den Vorschriften des Handelsgesetzbuches (HGB) für große Kapitalgesellschaften i.d.F. des vom Bundesrat am 3.4.2009 verabschiedeten Bilanzrechtsmodernisierungsgesetzes (BilMoG) aufgestellt. Eine Anpassung der Vorjahresbeträge wurde nicht vorgenommen."[73]

---

[72] *hotel.de AG, Nürnberg und Hamm* (Hrsg.): Geschäftsbericht 2009 der hotel.de AG, S. 57.

[73] *Dortmunder Energie- und Wasserversorgung GmbH, Dortmund* (Hrsg.): Geschäftsbericht 2009, S. 47.

Angaben zu Beginn der Beschreibung der Bilanzierungs- und Bewertungsmethoden

„Die Bank hat die in Art. 66 Abs. 3 EGHGB bezeichneten Vorschriften des Bilanzrechtmodernisierungsgesetzes (BilMoG) vorzeitig ab dem Geschäftsjahr 2009 angewendet. Die Vorjahreswerte wurden aufgrund der Erstanwendung des BilMoG nicht angepasst."[74]

Neben diesen gänzlich neuen übergangsbedingten Angaben werden bereits bestehende Angaben übergangsbedingt inhaltlich neu ausgefüllt werden müssen. Dies betrifft in erster Linie

▶ die Erläuterung der gesondert unter den Posten „außerordentliche Aufwendungen„-" und „außerordentliche Erträge" zu erfassenden übergangsbedingten Ergebnisbeiträge (§ 277 Abs. 4 Satz 2 HGB i. V. m. Art. 67 Abs. 7 EGHGB) und

▶ die Beschreibung der durch das BilMoG geänderten Bilanzierungs- und Bewertungsmethoden

Praxisbeispiele für Angaben nach § 277 Abs. 4 Satz 3 HGB i. V. m. Art. 67 Abs. 7 EGHGB:

Angaben bei den „Erläuterungen zur Gewinn- und Verlustrechnung" unter „Außerordentliches Ergebnis"

...

„Das außerordentliche Ergebnis beinhaltet außerordentliche Aufwendungen der erstmaligen Anwendung des BilMoG zum 1.1.2009 in Höhe von 1.751 T€ und ergibt sich aus der Änderung der Bewertung von Pensionsverpflichtungen (1.450 T€) sowie weiterer langfristiger Personalrückstellungen."[75]

---

[74] *VTB Bank (Deutschland) AG, Frankfurt am Main* (Hrsg.): Geschäftsbericht 2009, S. 36.

[75] *AWISTA Gesellschaft für Abfallwirtschaft und Stadtreinigung mbH, Düsseldorf* (Hrsg.): Jahresabschluss zum Geschäftsjahr vom 1.1.2009 bis zum 31.12.2009 und Lagebericht für das Geschäftsjahr 2009, S. 18.

3.1 Neue Anhangangaben für kleine GmbH

Angaben unter „Erläuterungen und ergänzende Angaben zu einzelnen Positionen der Bilanz sowie Gewinn- und Verlustrechnung bezüglich Ausweis, Bilanzierung und Bewertung", Punkt „Gewinn- und Verlustrechnung"

...

„Die außerordentlichen Aufwendungen enthalten den einmaligen Aufwand für die Anteile, die sich aus der Bewertung nach BilMoG für die Aufstockung der Rückstellung für Altersteilzeit (rd. 131 T€) und für die Pensionsrückstellung (rd. 790 T€) ergeben."[76]

Praxisbeispiele für die Beschreibung der Bilanzierungs- und Bewertungsmethoden im Hinblick auf die Inanspruchnahme der im HGB neu bzw. im EGHGB übergangsweise eingeräumten Wahlrechte:

Angaben vorweg bei Beschreibung der „Bilanzierungs-, Bewertungs- und Ermittlungsmethoden"

„Der Jahresabschluss ist nach den Vorschriften des Handelsgesetzbuches in der Fassung des Bilanzrechtsmodernisierungsgesetzes vom 25. 5. 2009 (BilMoG) in Verbindung mit der Verordnung über die Rechnungslegung von Versicherungsunternehmen (RechVersV) aufgestellt. Damit wurde gemäß Art. 66 Abs. 3 Satz 6 1. Halbsatz EGHGB von dem Wahlrecht der vorgezogenen Anwendung des Bilanzrechtsmodernisierungsgesetzes für das Geschäftsjahr 2009 Gebrauch gemacht. Die weiteren mit BilMoG zum Übergangszeitpunkt 1. 1. 2009 verbundenen Wahlrechte wurden wie folgt ausgeübt:

▶ Von der Aktivierung von selbst geschaffenen immateriellen Vermögensgegenständen des Anlagevermögens nach § 248 Abs. 2 Satz 1 HGB wird abgesehen.

▶ Gemäß Art. 67 Abs. 1 Satz 2 EGHGB werden Rückstellungen, für die sich aufgrund der geänderten Bewertung eine Auflösung ergeben würde, beibehalten, soweit der aufzulösende Betrag bis spätestens zum 31. 12. 2024 wieder zugeführt werden müsste. Die Rückstellungen für Pensionen wurden hierbei im Sinne einer Gesamtbetrachtung als ein Posten zusammengefasst, auch wenn er sich aus verschiedenen Teilen von Verpflichtungen zusammensetzt.

---

[76] *Stadtwerke GmbH Bad Kreuznach, Bad Kreuznach* (Hrsg.): Geschäftsbericht 2009, S. 28.

3. Erläuterungen zu den durch das BilMoG geänderten Anhangvorschriften

▶ Rückstellungen für Altersversorgungsverpflichtungen oder vergleichbare langfristig fällige Verpflichtungen werden nach § 253 Abs. 2 Satz 2 HGB pauschal mit dem durchschnittlichen Marktzinssatz abgezinst, der sich bei einer angenommenen Restlaufzeit von 15 Jahren ergibt.

▶ Von dem Wahlrecht zum Ansatz aktiver latenter Steuern aufgrund sich ergebender Steuerentlastungen nach § 274 Abs. 1 Satz 2 HGB wird kein Gebrauch gemacht.

▶ Das Wahlrecht des Art. 67 Abs. 1 EGHGB, die erforderliche Zuführung zu den Pensionsrückstellungen auf maximal 15 Jahre zu verteilen, wird nicht ausgeübt. Im Geschäftsjahr 2009 wurde die vollständige Zuführung vorgenommen.

▶ Gemäß Art. 67 Abs. 8 Satz 2 EGHGB wurden die Vorjahreszahlen nicht an die neuen Vorschriften des BilMoG angepasst."[77]

...

▶ „Sonderposten mit Rücklageanteil nach § 247 Abs. 3 HGB in Verbindung mit § 6b EStG werden gemäß Art. 67 Abs. 3 EGHGB beibehalten und fortgeführt. Gleiches gilt gemäß Art. 67 Abs. 4 EGHGB für niedrigere Wertansätze aufgrund der in Vorjahren übertragenen § 6b-Rücklagen und der daraus resultierenden Abschreibung nach § 279 Abs. 2 HGB."[78]

Angaben bei Beschreibung der „Bilanzierungs- und Bewertungsmethoden" unter „Passiva", Punkte „Gewinnrücklagen" und „Sonderposten mit Rücklageanteil"

„Gem. Art. 67 Abs. 3 EGHGB wurde von der Möglichkeit Gebrauch gemacht, künftig nicht mehr zulässige Posten erfolgsneutral in die Gewinnrücklagen einzustellen."

„Der Sonderposten mit Rücklageanteil wurde aufgelöst. Beträge betreffend § 6b EStG wurden gemäß Art. 67 Abs. 3 EGHGB in die Gewinnrücklagen eingestellt. ..."[79]

---

[77] *HALLESCHE Krankenversicherungsgesellschaft auf Gegenseitigkeit, Stuttgart* (Hrsg.): Geschäftsbericht 2009, S. 60.

[78] *ALTE LEIPZIGER Lebensversicherung auf Gegenseitigkeit, Oberursel/Taunus* (Hrsg.): Geschäftsbericht 2009, S. 78

[79] *Dortmunder Energie- und Wasserversorgung GmbH, Dortmund* (Hrsg.): Geschäftsbericht 2009, S. 52.

3.1 Neue Anhangangaben für kleine GmbH

Angaben bei Beschreibung der „Bilanzierung- und Bewertungsmethoden"

...

„Aufwendungen, die sich durch die Neubewertung der Rückstellungen zum 1.1.2009 ergaben, wurden im Berichtsjahr als außerordentlicher Aufwand in der Gewinn- und Verlustrechnung dargestellt (Art. 67 Abs. 7 EGHGB). Ergab sich aus der Neubewertung eine Auflösung der Rückstellung, so wurde gemäß Art. 67 Abs. 1 Satz 2 EGHGB der Rückstellungsbetrag beibehalten."[80]

Im Übrigen notwendige Anpassungen bei der Beschreibung der Bilanzierungs- und Bewertungsmethoden lassen sich z. B. wie folgt formulieren:[81]

Selbst erstellte immaterielle Vermögensgegenstände des Anlagevermögens werden zu Herstellungskosten gemäß § 255 Abs. 2 Sätze 1-2 und Abs. 2a HGB aktiviert und planmäßig linear über ihre voraussichtliche Nutzungsdauer sowie bei Vorliegen einer voraussichtlich dauernden Wertminderung außerplanmäßig abgeschrieben.

...

Fertige und unfertige Erzeugnisse werden zu Herstellungskosten gemäß § 255 Abs. 2 HGB aktiviert. In die Herstellungskosten werden die Einzelkosten, angemessene Teile der Materialgemeinkosten, der Fertigungsgemeinkosten und des Werteverzehrs des Anlagevermögens, soweit dieser durch die Fertigung veranlasst ist, einbezogen.

...

Rückstellungen werden in Höhe des nach vernünftiger kaufmännischer Beurteilung notwendigen Erfüllungsbetrags passiviert. Bei Rückstellungen mit einer Restlaufzeit von mehr als einem Jahr werden künftige Preis- und Kostensteigerungen berücksichtigt und eine Abzinsung auf den Bilanzstichtag vorgenommen. Als Abzinsungssätze werden die den Restlaufzeiten der Rückstellungen entsprechenden durchschnittlichen Marktzinssätze der vergangenen sieben Geschäftsjahre verwendet, wie sie von der Deut-

---

[80] *AWISTA Gesellschaft für Abfallwirtschaft und Stadtreinigung mbH, Düsseldorf* (Hrsg.): Jahresabschluss zum Geschäftsjahr vom 1.1.2009 bis zum 31.12.2009 und Lagebericht für das Geschäftsjahr 2009, S. 12.

[81] Beispielhafte Formulierungen zur Beschreibung der Bilanzierungs- und Bewertungsmethoden bei der Bildung von Bewertungseinheiten sind oben in Abschnitt 3.1.3. enthalten, zu Rückstellungen für Pensionen oben in Abschnitt 3.1.4. sowie zur Verrechnung von Vermögensgegenständen und Schulden oben in Abschnitt 3.1.5. Beispielhafte Formulierungen zur Beschreibung der Bilanzierungs- und Bewertungsmethoden bei latenten Steuern werden nachfolgend in Abschnitt 3.3.4. aufgeführt.

schen Bundesbank gemäß Rückstellungsabzinsungsverordnung monatlich ermittelt und bekannt gegeben werden.

...

„Die Bewertung von **Forderungen und Verbindlichkeiten in fremder Währung** sowie von Devisentermingeschäften und anderen Währungsderivaten erfolgt nach der Methode der eingeschränkten Marktbewertung. Hierzu werden Fremdwährungsforderungen und -verbindlichkeiten mit den Kassakursen und die zu ihrer Kurssicherung abgeschlossenen Währungsderivate mit den Marktterminkursen zum Abschlussstichtag bewertet. Aus der Bewertung resultierende Gewinne und Verluste werden je Währung miteinander verrechnet. Für Verlustüberhänge werden Drohverlustrückstellungen gebildet; Gewinne werden nur berücksichtigt, soweit sie Forderungen und Verbindlichkeiten mit einer Restlaufzeit bis zu einem Jahr betreffen."[82]

...

„**Verbindlichkeiten** sind mit ihrem Erfüllungsbetrag angesetzt. Verbindlichkeiten in Fremdwährung, deren Restlaufzeit nicht mehr als ein Jahr beträgt, werden mit dem Devisenkassamittelkurs am Bilanzstichtag bewertet. Alle übrigen Fremdwährungsverbindlichkeiten werden mit ihrem Umrechnungskurs bei Rechnungsstellung oder dem höheren Devisenkassamittelkurs am Bilanzstichtag bewertet."[83]

3.2 Ergänzende neue Anhangangaben für mittelgroße GmbH

3.2.1. Art und Zweck außerbilanzieller Geschäfte (§ 285 Nr. 3 HGB)

Die Vorschrift der Nr. 3 des § 285 HGB wurde vor der bisherigen Nr. 3 a. F. neu eingefügt, die dadurch zur neuen Nr. 3a wurde. Mit der neuen Nr. 3 wurde Art. 43 Abs. 1 Nr. 7a der Bilanzrichtlinie in der Fassung der Abänderungsrichtlinie umgesetzt. Aus den Erwägungsgründen der Abänderungsrichtlinie und der Gesetzesbegründung ist ersichtlich, dass die neuen Angabepflichten dazu beitragen sollen, den Einblick in die Finanz-

---

[82] *Bayer AG, Leverkusen* (Hrsg.): Geschäftsbericht 2009, S. 8.

[83] *hotel.de AG, Nürnberg und Hamm* (Hrsg.): Geschäftsbericht 2009 der hotel.de AG, S. 58.

lage zu verbessern. Daher verlangt die Nr. 3 gegenüber der Nr. 3a weiter gehende Angaben und geht dieser als speziellere Norm vor.[84]

Für die Angabe nach § 285 Nr. 3 HGB sind nur solche Sachverhalte relevant, für die keine Verpflichtungen passiviert oder Ansprüche aktiviert wurden und die auch nicht nach § 251 HGB oder nach § 285 Nr. 3a HGB im Anhang anzugeben sind.

Mit der Begrenzung der Angabepflicht bei unter die Vorschrift fallenden Geschäften auf deren **Art und Zweck** wurden die insoweit aufgrund des Art. 43 Abs. 1 Nr. 7a Satz 2 der Bilanzrichtlinie in der Fassung der Abänderungsrichtlinie bestehenden Möglichkeiten vollständig genutzt, so dass weiter gehende größenabhängige Erleichterungen, wie vom Bundesrat angeregt, ausgeschlossen sind.[85]

Nachfolgende **Beispiele** verdeutlichen, wie die Anhangangabe für unter § 285 Nr. 3 HGB fallende Sachverhalte bei mittelgroßen GmbH formuliert werden kann:

„Im Interesse eines besseren Forderungsmanagements haben wir unsere gesamten Kundenforderungen auf eine Factoring-Gesellschaft ausgelagert. ... Die dadurch generierte zusätzliche Liquidität wird zur vermehrten Inanspruchnahme von Lieferantenskonti verwendet."[86]

„Zur Verbesserung der Liquiditätssituation wurde im abgelaufenen Geschäftsjahr für das Verwaltungsgebäude am Standort A ein sale-and-lease-back Geschäft abgeschlossen."

Eines der Hauptprobleme mit der neuen Vorschrift des § 285 Nr. 3 HGB ist die Abgrenzung von der Angabe nach Nr. 3a. Diese und weitere mit dieser Vorschrift verbundene Fragen werden im Gesamtzusammenhang mit den für große GmbH aus dieser Vorschrift resultierenden weiteren Angabepflichten in Abschnitt 3.3.1. erörtert.

---

[84] Vgl. BT-Drucks. 16/10067, S. 69 f.

[85] Vgl. Bundesrat, Stellungnahme vom 4. 7. 2008 zum BilMoG Reg-E, Anlage 3 zu BT-Drucks. 16/10067, S. 119 und Bundesregierung, Gegenäußerung zur Stellungnahme des Bundesrates vom 4. 7. 2008 zum BilMoG Reg-E, Anlage 4 zu BT-Drucks. 16/10067, S. 123.

[86] *Hoffmann, W.-D.*: Eventualverbindlichkeiten, in: StuB 2009, S. 250.

3.2.2 Angaben zu Finanzinstrumenten (§ 285 Nr. 19 HGB)

Die Angaben nach § 285 Nr. 19 HGB sind zwar in dieser Vorschrift redaktionell, indes im HGB **nicht inhaltlich neu**. Sie resultieren aus folgenden Änderungen aufgrund des BilMoG:

- Die bisher in § 285 Satz 1 Nr. 18a) und b) a. F. HGB verlangten Angaben sind nun in der Nr. 19a), b) und c) aufgenommen. Maßgebend dafür sind rechtssystematische Gründe. Aufgrund der Neufassung des § 253 HGB wurde der Anwendungsbereich dieser Angaben auf nicht zum beizulegenden Zeitwert bilanzierte derivative Finanzinstrumente beschränkt.

- Des weiteren wurde der Wortlaut der neuen Nr. 19b) hinsichtlich des Verweises auf die bisherigen Sätze 3-5 des § 285 HGB a. F. angepasst, da diese Sätze sinngemäß in den neu gefassten § 255 Abs. 4 HGB integriert worden sind.

- Darüber hinaus wurde der bisherige Satz 6 des § 285 HGB a. F. in Nr. 19 d) integriert angefügt. Diese Angabe entfällt, wenn der beizulegende Zeitwert entsprechend Nr. 19 b) ermittelt und angegeben werden kann.

Praxisbeispiel für Angaben nach § 285 Nr. 19 HGB:

Angaben bei den „Erläuterungen zur Bilanz und zur Gewinn- und Verlustrechnung" unter „Termingeschäfte/Derivate Finanzinstrumente"

„Bei den derivativen Finanzinstrumenten handelt es sich ausschließlich um Währungsswaps, die der Deckung von Fremdwährungspositionen der Aktiv- und Passivseite dienen. Die Bewertung der Währungsswaps erfolgt durch eine theoretische Kursermittlung unter Zugrundelegung einer Swap-Währungskurve. Zum Bilanzstichtag bestanden Währungsterminswaps in Höhe von 322,0 Mio. € Nach der Marktbewertungsmethode ergibt sich daraus ein positiver Marktwert von 4,0 Mio. € und ein negativer Marktwert von 5,9 Mio. € Währungskassaswaps bestanden zum Bilanzstichtag nicht. Der Buchwert der Währungsswaps wird in den sonstigen Verbindlichkeiten in Höhe von 1,8 Mio. € ausgewiesen. Sämtliche Devisentermingeschäfte sind dem Anlagebuch zugeordnet."[87]

---

[87] *VTB Bank (Deutschland) AG, Frankfurt am Main* (Hrsg.): Geschäftsbericht 2009, S. 43.

3.2.3 Angaben zu Forschungs- und Entwicklungskosten (§ 285 Nr. 22 HGB)

Maßgeblich für die Aufnahme der Angabe nach Nr. 22 in § 285 HGB ist die Einführung der als Wahlrecht ausgestalteten Aktivierung selbst erstellter immaterieller Anlagevermögensgegenstände, bewertet in Höhe der angefallenen Entwicklungskosten (§§ 248 Abs. 2 i. V. m. 255 Abs. 2a HGB). Die Angaben sollen dazu beitragen, den Umfang der Forschungs- und Entwicklungsaktivitäten und -kosten eines Unternehmens sowie ihr Verhältnis zueinander zu erkennen und die **Innovationsleistung** des Unternehmens einschätzen zu können.[88]

Allerdings sind die Angaben nur im Fall der **Aktivierung** nach § 248 Abs. 2 HGB zu machen, also nur dann, wenn selbst erstellte immaterielle Vermögensgegenstände des Anlagevermögens aktiviert worden sind. Dann beziehen sich die Angaben nach § 285 Nr. 22 HGB auch nur auf das jeweilige **Geschäftsjahr**. Vorjahreszahlenangaben werden nicht verlangt.

Dem Wortlaut der Vorschrift nach sollen für das jeweilige Geschäftsjahr angegeben werden

- der Gesamtbetrag der Forschungs- und Entwicklungskosten sowie
- der davon auf die selbst geschaffenen immateriellen Vermögensgegenstände des Anlagevermögens entfallende Betrag.

Der „**Gesamtbetrag**" der Forschungs- und Entwicklungskosten umfasst alle Forschungskosten und alle Entwicklungskosten, einschließlich der nicht aktivierbaren Entwicklungskosten oder derjenigen Kostenbestandteile, die nicht verlässlich der Forschungs- oder der Entwicklungsphase zuordenbar sind. Eine Aufteilung in Forschungskosten einerseits und Entwicklungskosten andererseits wird nicht verlangt.

Der „**davon** auf ... entfallende Betrag" schließt neben den nach § 255 Abs. 2a HGB aktivierten Entwicklungskosten zweckgerecht auch die übrigen, nicht aktivierbaren Forschungs- und Entwicklungskosten ein, die jeweils mit den in die Aktivierung mündenden Projekten zusammen hängen. Andernfalls wäre diese Angabe überflüssig, denn der Betrag der im Geschäftsjahr aktivierten Entwicklungskosten ist bereits aus dem von

---

[88] Vgl. BT-Drucks. 16/10067, S. 72 f.

mittelgroßen und großen Kapitalgesellschaften (hier: GmbH) aufzustellenden Anlagespiegel ersichtlich. Auch für diesen Davon-Vermerk wird keine Aufteilung in Forschungskosten einerseits und Entwicklungskosten andererseits verlangt.

Nachfolgendes **Beispiel** verdeutlicht, wie die Anhangangabe nach § 285 Nr. 22 HGB formuliert werden kann:

„Im abgelaufenen Geschäftsjahr belief sich der Gesamtbetrag der Forschungs- und Entwicklungskosten auf 1.200 T€. Davon entfielen auf aktivierte selbst erstellte immaterielle Anlagevermögensgegenstände Forschungs- und Entwicklungskosten in Höhe von 350 T€."

3.2.4 Angaben zum Abschlussprüferhonorar (§ 285 Nr. 17 HGB)

Mittelgroße GmbH müssen die nach § 285 Nr. 17 HGB auszugestaltende Angabe zum Abschlussprüferhonorar gemäß § 288 Abs. 2 HGB nicht in den Anhang aufnehmen. Jedoch müssen sie diese Angabe der Wirtschaftsprüferkammer auf deren schriftliche Anforderung hin übermitteln.[89]

Daher müssen mittelgroße GmbH in der Lage sein, die Angabe zum Abschlussprüferhonorar ordnungsmäßig zu ermitteln. Damit verbundene Inhalte und Zweifelsfragen werden nachfolgend in Abschnitt 3.3.2. erläutert.

---

[89] Siehe Abschnitt 2.3. Zum Hintergrund der Regelung wird auf Abschnitt 3.3.2. verwiesen.

3.3 Ergänzende neue Anhangangaben für große GmbH

3.3.1 Risiken und Vorteile außerbilanzieller Geschäfte (§ 285 Nr. 3 HGB)

Zum Hintergrund der Vorschrift wird auf Abschnitt 3.2.1. verwiesen.[90]

In der Gesetzesbegründung erhalten die in § 285 Nr. 3 HGB verwendeten **Begriffe** folgende **Konkretisierungen**[91]:

- „Geschäfte" sind im Regelfall rechtsgeschäftliche Vereinbarungen.

- „Nicht in der Bilanz enthalten" sind solche Geschäfte, die entweder von vornherein dauerhaft nicht in die Bilanz eingehen oder zu einem dauerhaften Abgang von Vermögensgegenständen oder Schulden aus der Bilanz führen. Am Bilanzstichtag kurzfristig schwebende Geschäfte des gewöhnlichen Geschäftsbetriebs gehören nicht dazu.

- „Für die Beurteilung der Finanzlage **notwendig**" sind Informationen über Risiken und Vorteile, die erwarten lassen, dass sich die Lage des Unternehmens im Hinblick auf seine Liquidität oder auch außerhalb dieser seine Fähigkeit, bestehende Verpflichtungen zu erfüllen, wesentlich verschlechtert (bei Risiken) oder wesentlich verbessert (bei Vorteilen). Somit wird davon auszugehen sein, dass eine Angabe von Risiken und Vorteilen grundsätzlich dann für die Beurteilung der Finanzlage notwendig sein wird, wenn die Risiken und Vorteile wesentlich sind. Dabei ist allerdings auch die jeweils aktuelle Finanzlage des bilanzierenden Unternehmens zu berücksichtigen. Denn für die Beurteilung der Finanzlage bei insoweit angespannter Situation kann im Vergleich zur insoweit entspannten Situation die Angabe zusätzlicher Sachverhalte notwendig werden. Und soweit es die Beurteilung der Finanzlage erfordert, werden die Risiken und Vorteile auch quantifiziert werden müssen.

---

[90] Vgl. dazu auch *Philipps, H./Schöneberg, T.*: Außerbilanzielle Geschäfte im Jahresabschluss, in: BBK 2010, S. 268.

[91] Vgl. BT-Drucks. 16/10067, S. 69 f.

▶ Die Angabe der „**Art**" eines Geschäftes erfordert dessen Klassifizierung, z. B. nach einem damit verbundenen Gegenstand wie etwa Forderungsverbriefungen, Leasing- oder Pensionsgeschäfte.

▶ Mit dem „**Zweck**" eines Geschäftes sind die Gründe gemeint, aus denen das Geschäft eingegangen wurde – das werden neben wirtschaftlichen Zwecken häufig auch rechtliche, steuerliche oder bilanzielle Zwecke sein.

Die **Abgrenzung** der unter die **Nr. 3** fallenden Sachverhalte von denjenigen, die unter die **Nr. 3a** zu subsumieren sind, ist nicht gänzlich eindeutig bzw. überschneidungsfrei. Allerdings macht der Wortlaut der Nr. 3 im Verhältnis zur Nr. 3a deutlich, dass unter Nr. 3 Geschäfte fallen, aus denen „Risiken und Vorteile" resultieren, während zur Nr. 3a allein „finanzielle Verpflichtungen" gehören.

Als **Beispiele** für Geschäfte, die unter die in dieser Weise konkretisierten Angabepflichten nach § 285 Nr. 3 HGB fallen, werden in der Gesetzesbegründung genannt[92]: Einrichtung oder Nutzung von Zweckgesellschaften, Offshore-Geschäfte, Factoring, Pensionsgeschäfte, Konsignationslagervereinbarungen, „take or pay"-Verträge, Forderungsverbriefung über gesonderte Gesellschaften oder nicht rechtsfähige Einrichtungen, Verpfändung von Aktiva, Leasingverträge oder die Auslagerung von Tätigkeiten.

Diese Beispiele bilden keine abschließende Aufzählung[93] Sie lassen indes erkennen, dass es sich bei außerbilanziellen Geschäften im Sinn des § 285 Nr. 3 HGB regelmäßig um Geschäfte handeln wird, die bewusst mit besonderen Vereinbarungen oder Nebenabreden geschlossen wurden, um eine dauerhafte Bilanzunwirksamkeit zu erreichen.[94]

---

[92] Vgl. BT-Drucks. 16/10067, S. 69.

[93] Für die Angabe In Betracht kommen sollen vielmehr beispielsweise auch: Weiche Patronatserklärungen, für die ein faktischer Erfüllungszwang besteht, wesentliche vertragliche Rücknahmeverpflichtungen bei Eintritt vertraglich festgelegter Bedingungen, wesentliche vorteilhafte Vertragsabschlüsse (z. B. Exklusivverträge), Risiken aus finanziellen Rückbelastungen im Fall der Inanspruchnahme von durch Dritte gewährten Vertragserfüllungsgarantien oder wesentliche Vorteile aus begünstigenden vertraglichen Haftungsverhältnissen, vgl. *AFRAC:* Stellungnahme „Anhangangaben über außerbilanzielle Geschäfte gemäß §§ 237 Z 8a und 266 Z 2a UGB", S. 8–11, Anm. 21–30. Im (deutschen) Fachschrifttum werden diese Fälle indes, soweit sie Verpflichtungen begründen, unter die Haftungsverhältnisse oder die sonstigen finanziellen Verpflichtungen subsumiert, vgl. *Ellrott, H.:* § 285 HGB, in: BeckBilKom, 7.Aufl., Anm. 70 und 77 f. sowie *Ellrott, H.:* § 251 HGB, in: BeckBilKom, 7. Aufl., Anm. 29.

[94] Vgl. *Philipps, H./Schöneberg, T.:* Außerbilanzielle Geschäfte im Jahresabschluss, in: BBK 2010, S. 270 und *Ellrott, H:* § 285 HGB, in: BeckBilKom, 7. Aufl., Anm. 25–27; im Ergebnis ebenso *Ernst, Ch./Seidler, H:* Kernpunkte des Referentenentwurfs eines Bilanzrechtsmodernisierungsgesetzes, in: BB 2007, S. 2557.

Gleichzeitig geht damit häufig z.B. auch die positive Beeinflussung von Bilanzrelationen zur Erhöhung von Finanzierungsspielräumen bzw. zur Verbesserung von Finanzierungsbedingungen einher. Dies schließt gleichwohl die Erreichung anderer, üblicher wirtschaftlicher Zielsetzungen durch die Geschäfte nicht von vornherein aus.

Die Interpretation des Begriffs „außerbilanzielles Geschäft" als bewusst mit besonderen Vereinbarungen oder Nebenabreden geschlossen, um eine dauerhafte Bilanzunwirksamkeit zu erreichen, lässt sich auch auf die europarechtlichen Grundlagen des § 285 Nr. 3 HGB stützen.

Dem gegenüber lassen die bisher regelmäßig unter die Angabe „Gesamtbetrag der sonstigen finanziellen Verpflichtungen" (Verpflichtungen aus Miet- und Leasingverträgen, begonnenen Investitionsvorhaben, künftigen Großreparaturen u. a., nun: § 285 Nr. 3a HGB) subsumierten Sachverhalte nicht erkennen, dass die hinter ihnen stehenden Geschäftsvorfälle per se regelmäßig mit besonderen Vereinbarungen oder Nebenabreden abgeschlossen werden. Dafür, dass diese Geschäftsvorfälle nicht in der Bilanz enthalten sind, werden daher im Normalfall keine bewussten Gestaltungsüberlegungen ausschlaggebend sein, die eine dauerhafte Nichtbilanzierung bezwecken. Sofern solche Geschäftsvorfälle allerdings entsprechend bewusst gestaltet werden, sind sie nun zweckgerecht unter den außerbilanziellen Geschäften anzugeben und sind dann mit deutlich weitergehenden Informationserfordernissen verbunden als bisher.[95]

Insbesondere bei Operate-Leasingverhältnissen kann eine geänderte Zuordnung in Betracht kommen. Sind die Voraussetzungen des § 285 Nr. 3 HGB erfüllt, fallen Operate-Leasinggeschäfte nun unter die außerbilanziellen Geschäfte und sind daher mit deutlich weitergehenden Informationserfordernissen verbunden als mit der bisherigen Angabe unter den sonstigen finanziellen Verpflichtungen. Bei Sale-and-lease-back Geschäften überwiegt die bewusste Gestaltung, so dass ein außerbilanzielles Geschäft angenommen werden muss. Bei Leasingverhältnissen des „normalen Geschäftsverkehrs" wie Leasing von betrieblichen Kfz, Telefonanlagen, Kopiergeräten etc. wird dagegen die bewusste Gestaltungsüberlegung regelmäßig eher in den Hintergrund treten; im Übrigen werden diese Geschäfte die Beurteilung der Finanzlage häufig auch nicht wesentlich beeinflussen. Verpflichtungen aus begonnenen Investitionsvorhaben (Bestellobligo) künftigen, unabwendbaren Großreparaturen, Umweltschutzverpflichtungen, schwebenden Geschäften oder Dauerschuldverhältnissen werden regelmäßig

---

[95] Vgl. *Philipps, H./Schöneberg, T.*: Außerbilanzielle Geschäfte im Jahresabschluss, in: BBK 2010, S. 272.

weiterhin unter die sonstigen finanziellen Verpflichtungen fallen.[96] Dahinter stehende Geschäfte schlagen sich typischer Weise nur vorübergehend nicht in der Bilanz nieder.

Der Gesetzesbegründung zufolge[97] ist über Risiken soweit zu berichten, als diese nicht bereits bilanziell – z. B. durch Abschreibungen, Wertberichtigungen oder Rückstellungen – abgebildet oder auf Dritte übertragen worden sind. Referenzzeitpunkt ist jeweils der Bilanzstichtag. Vorteile und Risiken stehen gleichwertig nebeneinander. Über sie ist getrennt zu berichten. Eine kompensatorische Betrachtung ist nicht zulässig. Als in diesem Sinne angabepflichtig werden im Schrifttum genannt:[98]

Risiken:

- Tatsächliche oder potentielle Abflüsse liquider Mittel,

- finanzielle Abflüsse aufgrund Vereinbarung vorläufiger Veräußerungspreise,

- Wertminderungen, Verlust oder zufälliger Untergang eines Vertragsgegenstands,

- Beeinträchtigung der Finanzlage aus Nebenabreden wie Bürgschaften, Wert-, Rendite-, Delkredere- oder first loss-Garantien, Ausfall-Garantien oder Asset default swaps[99] sowie

- clean up calls.[100]

Vorteile:

- Tatsächliche oder potentielle Zuflüsse liquider Mittel,

- (Weiter)Nutzung des Vertragsgegenstands,

- Wertsteigerungschancen,

---

[96] Vgl. *Philipps, H./Schöneberg, T.*: Außerbilanzielle Geschäfte im Jahresabschluss, in: BBK 2010, S. 272 und *Philipps, H.*: Rechnungslegung nach BilMoG, S. 253 f.

[97] Vgl. BT-Drucks. 16/10067, S. 69 f.

[98] Vgl. *Ellrott, H.,*: § 285 HGB, in: BeckBilKom, 7.Aufl., Anm. 33.

[99] Vgl. dazu IDW ERS HFA 13, in: IDW Fachnachrichten 2007, S. 92, Anm. 57 f.

[100] Vgl. dazu IAS 39, AG 51 (m).

3.3 Ergänzende neue Anhangangaben für große GmbH

▶ Besserungsabreden sowie

▶ Nießbrauch.[101]

Die Angaben beziehen sich auf ungewisse und auch auf feststehende Risiken und Vorteile und sollen, soweit möglich, quantitative Betragsnennungen der künftigen Finanzmittelzuflüsse und -abflüsse enthalten[102], ggf. unterteilt nach Fristigkeiten.[103] Lässt sich ein Zahlungsbetrag nicht ermitteln, wird die Angabe von Bandbreiten oder eine verbale Beschreibung der möglichen betragsmäßigen Auswirkung erforderlich sein.[104]

Die skizzierten **Prüfschritte und Rechtsfolgen** aufgrund der Einfügung des neuen § 285 Nr. 3 HGB sind in der nachfolgenden Abbildung zusammen gefasst dargestellt:

---

[101] Vgl. IDW ERS HFA 13, in: IDW Fachnachrichten 2007, S. 93, Anm. 68.

[102] Vgl. *Philipps, H.*: Rechnungslegung nach BilMoG, S. 253; IDW ERS HFA 32, in: IDW Fachnachrichten 2009, S. 676, Anm. 17-21 sowie AFRAC, Stellungnahme „Anhangangaben über außerbilanzielle Geschäfte gemäß §§ 237 Z 8a und 266 Z 2a UGB", S. 8, Anm. 19 mit Bezug auf den in der Abänderungsrichtlinie in diesem Zusammenhang genannten Begriff "finanzielle Auswirkungen". A. A. *Gelhausen, H./Fey, G./Kämpfer, G.*: Rechnungslegung und Prüfung nach dem Bilanzrechtsmodernisierungsgesetz, Abschnitt O, Anm. 41 und 43, die dem gegenüber allein rein verbale Darstellungen der Auswirkungen von Risiken und Vorteilen auf die Finanzlage für zulässig halten.

[103] Vgl. IDW ERS HFA 32, in: IDW Fachnachrichten 2009, S. 676, Anm. 20.

[104] Vgl. IDW ERS HFA 32, in: IDW Fachnachrichten 2009, S. 676, Anm. 21.

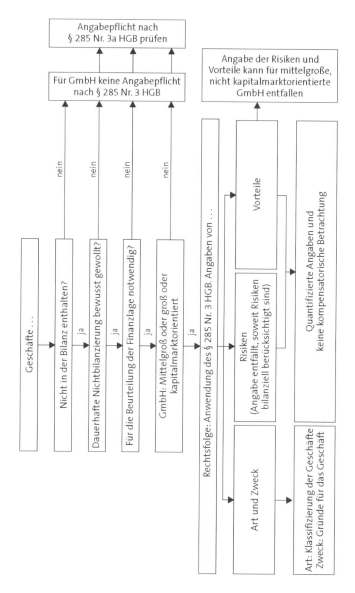

ABB. 14: Prüfschema zu § 285 Nr. 3 HGB - Anwendungsvoraussetzungen und Rechtsfolgen für die mittelgroße und große GmbH (Quelle: Vgl. Philipps, H./Schöneberg, T.: Außerbilanzielle Geschäfte im Jahresabschluss, in: BBK 2010, S. 273 und 275)

3.3 Ergänzende neue Anhangangaben für große GmbH

Konkretisierende Beispiele für Angaben zu außerbilanziellen Geschäften nach § 285 Nr. 3 HGB:[105]

Factoring und ABS-Transaktionen, Sachverhalt:

Die XY-GmbH hat Forderungen in Höhe von 10 Mio. € an die eigens gegründete Zweckgesellschaft Z-GmbH veräußert. Außerdem hat die XY-GmbH der Z-GmbH subsidiär eine Kreditzusage in Höhe von 4 Mio. € in Aussicht gestellt.

Formulierungsvorschlag für die Anhangangabe:

„Wir haben Forderungen in Höhe von 10 Mio. € an eine Zweckgesellschaft veräußert. Das Factoring dient zur kurzfristigen Verbesserung der Liquiditätssituation und der Kapitalstruktur. Alle Forderungsausfallrisiken gehen auf die Zweckgesellschaft über. Wir behalten jedoch zwecks Kundenpflege das Debitorenmanagement inne.

Zugunsten der Zweckgesellschaft haben wir zur Sicherung einer eventuellen Finanzierungslücke Kreditzusagen in Höhe von 4 Mio. € in Aussicht gestellt. Wir rechnen nicht mit einer Inanspruchnahme. Bei tatsächlicher Inanspruchnahme in voller Höhe, ist unsere Liquidität kurzfristig eingeschränkt."

Wertpapierpensionsgeschäfte, Sachverhalt:

Die XY-GmbH überträgt ihre im Anlagevermögen gehaltenen Wertpapiere gegen Zahlung eines Betrages in Höhe von 10 Mio. € an die Hausbank H. Die Hausbank H erhält mit Übertragung das Recht, diese Wertpapiere zu einem bereits bestimmten Zeitpunkt gegen Zahlung eines Betrages von 10,2 Mio. € an die XY-GmbH rück zu übertragen.

Formulierungsvorschlag für die Anhangangabe:

„Für einen Betrag in Höhe von 10 Mio. € haben wir in der Form eines unechten Pensionsgeschäftes Wertpapiere an ein Kreditinstitut übertragen. Wir haben dadurch unsere kurzfristige Liquidität verbessert und Verschuldung abgebaut. Im Fall eines Wertverlustes der übertragenen Wertpapiere ist davon auszugehen, dass das Kreditinstitut sein Rückübertragungsrecht in Anspruch nehmen wird."

---

[105] Entnommen aus *Philipps, H./Schöneberg, T.:* Außerbilanzielle Geschäfte im Jahresabschluss, in: BBK 2010, S. 276 f.

Operate-Leasingverhältnisse, Sachverhalt:

Die XY-GmbH hat Operating Leasingvereinbarungen für Produktionsanlagen abgeschlossen. Daraus resultiert ein Leasingaufwand in Höhe von 2 Mio. € p. a. Die Restlaufzeit der Leasingvereinbarungen beläuft sich auf drei Jahre.

Formulierungsvorschlag für die Anhangangabe:

„Der Nutzung eines Teils unserer Produktionsanlagen liegen Operating-Leasingvereinbarung zugrunde. Dies trägt auch zur Verringerung der Kapitalbindung bei und belässt das Investitionsrisiko beim Leasinggeber. Die Leasingvereinbarung haben noch eine Restlaufzeit von drei Jahren und führen zu einem jährlichen Leasingaufwand in Höhe von 2 Mio. €."

Konsignationslagergeschäfte, Sachverhalt:

Der Lieferant L betreibt auf dem Firmengelände der XY-GmbH ein Konsignationslager. Beide Parteien haben eine Konsignationslager-Vereinbarung abgeschlossen, in der eine monatliche Abnahmeverpflichtung der XY-GmbH in Höhe von x T€ sowie der Übergang des Haftungsrisikos auf die XY-GmbH im Entnahmezeitpunkt geregelt sind. Der Vertrag hat noch eine Restlaufzeit von fünf Jahren.

Formulierungsvorschlag für die Anhangangabe:

„Mit einem unserer Lieferanten haben wir eine Konsignationslager-Vereinbarung abgeschlossen. Damit ist für uns eine monatliche Abnahmeverpflichtung in Höhe von x T€ verbunden. Der Vertrag bindet uns über eine Restlaufzeit von noch fünf Jahren an den Lieferanten. Die Vereinbarung sichert uns die zeitlich optimale Rohstoffversorgung ohne eigene Lagerhaltung."

Weitere Formulierungsbeispiele für unter § 285 Nr. 3 HGB angabepflichtige Sachverhalte sind etwa wie folgt denkbar:

„Im Interesse eines besseren Forderungsmanagements haben wir unsere gesamten Kundenforderungen auf eine Factoring-Gesellschaft ausgelagert. Wir haften nur für den Bestand, nicht für die Bonität der Forderung, was im Kaufpreis für die Forderungen

3.3 Ergänzende neue Anhangangaben für große GmbH

berücksichtigt wird. Die dadurch generierte zusätzliche Liquidität wird zur vermehrten Inanspruchnahme von Lieferantenskonti verwendet."[106]

„Zur Entlastung unserer Bilanz und damit einhergehender Verbesserung der Eigenkapitalquote infolge reduzierter Bilanzsumme haben wir unser Verwaltungsgebäude verkauft und auf 15 Jahre mit Verlängerungsoption um weitere zehn Jahre zurückgemietet. Die aus dieser Maßnahme frei gewordene Liquidität eröffnet uns die Chance zum weiteren strategischen Unternehmenswachstum. Zugunsten einer Verbriefungsgesellschaft haben wir in diesem Zusammenhang eine Liquiditätsgarantie in Höhe von 2,0 Mio. € erteilt. Wir rechnen nicht mit der Inanspruchnahme aus dieser Zusage. Im unwahrscheinlichen Fall einer Inanspruchnahme wäre die Fortführung unseres Unternehmens nicht gefährdet."[107]

„Die A-GmbH hat Leasingverträge für Maschinen mit einer Belastung von 100 T€ p. a. abgeschlossen. Die Verträge laufen noch fünf Jahre, so dass sich die Belastung kumuliert auf 500 T€ beläuft. Die Leasinggeschäfte dienen der Verbesserung der Liquiditätssituation und der Eigenkapitalquote. Dies sind auch die wesentlichen Vorteile des Geschäfts. Risiken bestehen in der Vertragsbindung durch die Verträge, da ein ggf. eintretender wesentlicher technischer Fortschritt bei den Maschinen nicht durch Neuanschaffungen kompensiert werden kann."[108]

Praxisbeispiele für Angaben nach § 285 Nr. 3 HGB:

Angaben unter „Sonstige Erläuterungen", „Außerbilanzielle Geschäfte"

„Die Commerzbank AG tätigt Wertpapierleihgeschäfte mit dem Ziel, die Lieferfähigkeit des Wertpapierhandels sicherzustellen und Shortbestände einzudecken sowie bestehende Handelspositionen gegen Gebühr zu verleihen. Dabei werden die entliehenen Wertpapiere in der Bilanz nicht ausgewiesen, verliehene Wertpapiere werden weiterhin bilanziert. Die Risiken aus diesen Geschäften bestehen im Settlementrisiko. Es lässt sich als Unterschiedsbetrag zwischen dem Marktwert der zugrunde liegenden Wertpapiere und den erhaltenen beziehungsweise gestellten Sicherheiten definieren. Vorteile erge-

---

[106] *Hoffmann, W.-D.:* Eventualverbindlichkeiten, in: StuB 2009, S. 250.

[107] *Wiechers, K.:* Auswirkungen des BilMoG auf den Anhang, in: BBK 2009, S. 1222.

[108] *Wiechers, K.:* Auswirkungen des BilMoG auf den Anhang, in: BBK 2009, S. 1222.

ben sich für die Commerzbank AG aus den Zusatzerträgen der verliehenen Wertpapiere. Zum Bilanzstichtag waren Wertpapiere in Höhe von 11.554 Mio. € verliehen, die entliehenen Wertpapiere betrugen 17.189 Mio. €. Die Commerzbank AG verbrieft über Zweckgesellschaften sowohl bankeigene Forderungen, als auch Forderungsportfolien von und für Kunden. Die Transaktionen dienen unter anderem der Liquiditätsbeschaffung oder der Erweiterung der Refinanzierungsmöglichkeiten für den Kunden oder die Commerzbank AG. Bei Verbriefungen bankeigener Forderungen kann es zu einem bilanziellen Abgang der Forderungsportfolien in der Commerzbank AG kommen. Wirtschaftliche Nachteile können sich für die Commerzbank AG aus gestellten Liquiditätsfazilitäten/Back-up-Linien für die Verbriefungsgesellschaften oder die gehaltenen Verbriefungswertpapiere dieser Gesellschaften ergeben. Zu einer Inanspruchnahme der Liquiditäts-/Back-up-Linien kann es kommen, wenn die Risiken aus den zugrunde liegenden Finanzinstrumenten steigen und die Verbriefungswertpapiere nicht planmäßig am Markt platziert werden können."[109]

Angaben unter „Erläuterungen zur Bilanz und zur Gewinn- und Verlustrechnung", „außerbilanzielle Geschäfte"

...

„Für Kreditaufnahmen im Rahmen des Cash-Pooling wurden mit verbundenen Unternehmen Kreditlinien vereinbart. Die Inanspruchnahme dieser Kreditlinien durch Konzernunternehmen ist deutlich günstiger als eine vergleichbare Kreditaufnahme bei Kreditinstituten. Grundsätzlich besteht hier ein Forderungsausfallrisiko. Zum Bilanzstichtag waren von dem Gesamtvolumen der gewährten Kreditlinien in Höhe von 740,9 Mio. € (Vorjahr: 655,5 Mio. €) ein Betrag in Höhe von 244,7 Mio. € (Vorjahr: 172,7 Mio. €) nicht in Anspruch genommen.

Unter einem Rahmenabkommen verkauft die GEA Group Aktiengesellschaft revolvierend an einen Finanzdienstleister Kundenforderungen, die ihre Tochterunternehmen an sie mit dinglicher Wirkung abgetreten haben. Durch den Verkauf erhält die GEA Group Aktiengesellschaft einen unmittelbaren Liquiditätszufluss, der zur Finanzierung des operativen Geschäfts eingesetzt werden kann. Hierfür erhält der Finanzdienstleister eine monatliche Handling-Fee sowie eine volumenabhängige Verzinsung, die sich am 3-Monats-Euribor orientiert. Durch die Unterlegung der Kreditgewährung seitens des Finanzdienstleisters mit den Kundenforderungen ist die Finanzierung günstiger als die Ausnutzung von Kreditlinien. Mit dem Verkauf der Forderungen geht außerdem das Delkredererisiko auf den Finanzdienstleister über. Für die GEA Group Akti-

---

[109] *Commerzbank AG, Frankfurt am Main* (Hrsg.): Jahresabschluss und Lagebericht 2009, S. 93.

3.3 Ergänzende neue Anhangangaben für große GmbH

engesellschaft entsteht nur dann ein Risiko, wenn die Dokumentation der überfälligen Forderungen nicht fristgerecht an den Finanzdienstleister übergeben wird. Zum 31. 12. 2009 wurden Forderungen in Höhe von 36.621 T€ (Vorjahr: 30.718 T€) verkauft.

Weitere Angaben zu den Verpflichtungen aus Miet-, Leasing- und Dienstleistungsverträgen befinden sich wegen der untergeordneten Bedeutung unter den Haftungsverhältnissen und den sonstigen finanziellen Verpflichtungen."[110]

Angaben bei den „Angaben zur Bilanz" unter „ Passiva", „Außerbilanzielle Geschäfte"

Außerbilanzielle Geschäfte

Bestehende Verträge

Die Bank hat hauptsächlich Leasingverträge für die Betriebs- und Geschäftsausstattung (inkl. der EDV-Hardware) und die Dienstfahrzeuge bei der Santander Consumer Leasing GmbH abgeschlossen. Darüber hinaus bestehen Mietverträge und sonstige Vertragsverpflichtungen über Geschäftsräume und Betriebs- und Geschäftsausstattung. Im Jahr 2009 sind hierfür insgesamt Verwaltungsaufwendungen in Höhe von 39.257 T€ entstanden.

Der Zweck der Verträge ist die Finanzierung und Beschaffung von betriebsnotwendigem Anlagevermögen.

Die finanziellen Verpflichtungen aus diesen Verträgen belaufen sich

für die folgenden 5 Geschäftsjahre auf	82.842 T€
- davon gegenüber verbundenen Unternehmen	39.708 T€
für spätere Geschäftsjahre auf	69.914 T€
- davon gegenüber verbundenen Unternehmen	59.944 T€

Risiken könnten durch den Abschluss teurerer Anschlussverträge zu höheren Kosten nach dem Auslaufen dieser Verträge entstehen.

Vorteile, die zu der Entscheidung zur Durchführung bzw. Beibehaltung dieser Geschäfte geführt haben, sind hauptsächlich in der für die Bank fehlenden Kapitalbindung bei der Beschaffung des betriebsnotwendigen Anlagevermögens zu sehen. Darüber hinaus ergeben sich durch die Leasingfinanzierung für die Bank kein Verwertungsrisiko und die

---

[110] *GEA Group AG, Bochum* (Hrsg.): Jahresabschluss 2009, S. 21 f.

Möglichkeit der kurzfristigen Sicherung des aktuellen technischen Entwicklungsstandes.

Auslagerung von Unternehmensteilen

Die Santander Consumer Bank AG bedient sich externer Dienstleister, teilweise im Konzernverbund der Banco Santander SA, z. B. für IT-Dienstleistungen, die Beitreibung und im Backoffice.

Ausgelagerte Dienstleistungen mit 27 Auslagerungspartnern wurden als wesentlich i. S. d. § 25a KWG eingestuft. Chancen und Risiken werden durch ein Outsourcing Office unter Berücksichtigung der Ergebnisse der internen Revision überwacht. Neben sonstigen operationellen Risiken wurde insbesondere der Ausfall des Dienstleisters als Risiko identifiziert.

Die Vorteile bei allen Auslagerungen ergeben sich in der Spezialisierung (Steigerung der Qualität der Dienstleistung) sowie der Preis- und Kostenoptimierung für die Erbringung der Dienstleistung. Darüber hinaus ergeben sich speziell durch die enge Verflechtung im Bereich der EDV-Dienstleistungen mit den Konzerngesellschaften der Banco Santander S.A. Synergieeffekte bei der Strukturierung der DV-Konfigurationen.

Für die wesentlichen Auslagerungen sind im Jahr 2009 insgesamt Verwaltungsaufwendungen in Höhe von 119.955 T€ entstanden.

Die Laufzeit der Verträge bewegt sich in der Bandbreite von einem Jahr bis unbefristet. Die längste Kündigungsfrist beträgt zwölf Monate zum Jahresende.

Unwiderrufliche Kreditzusagen

Unwiderrufliche Kreditzusagen bestehen bei der Santander Consumer Bank in Höhe von 953 T€.

Die Kreditzusagen können kurzfristig zu einem Liquiditätsabfluss führen.

Die Vorteile dieser Kreditzusagen beinhalten die Generierung von zukünftigen Zinseinnahmen."[111]

---

[111] Santander Consumer Bank AG, Mönchengladbach (Hrsg.): Geschäftsbericht 2009, S. 50 f.

Angaben unter den „Angaben zu einzelnen Positionen der Bilanz", „außerbilanzielle Geschäfte"

„Zum Bilanzstichtag lagen keine außerbilanziellen Geschäfte vor."[112]

3.3.2 Angaben zum Abschlussprüferhonorar (§ 285 Nr. 17 HGB)

Innerhalb der Vorschrift wurden

- ▶ der Anwendungsbereich erweitert,
- ▶ die quantitativen Betragsangaben auf das vom Abschlussprüfer für das Geschäftsjahr berechnete Gesamthonorar bezogen (statt wie bisher auf das für den Abschlussprüfer i. S. d. § 319 Abs. 1 Satz 1 und 2 HGB im Geschäftsjahr als Aufwand erfasste Honorar),
- ▶ der bisher als „Abschlussprüfung" bezeichnete Tätigkeitsbereich a) in „Abschlussprüfungsleistungen" umbenannt,
- ▶ der bisher als „sonstige Bestätigungs- oder Bewertungsleistungen" bezeichnete Tätigkeitsbereich b) in „andere Bestätigungsleistungen" umbenannt,
- ▶ eine Escape-Klausel für in einen Konzernabschluss einbezogene Unternehmen aufgenommen.

Mit den Änderungen in § 285 Nr. 17 HGB wird Art. 43 Abs. 1 Nr. 15 der Bilanzrichtlinie in der Fassung der Abschlussprüferrichtlinie umgesetzt. Erwägungsgrund 11 der Abschlussprüferrichtlinie wertet die Höhe und/oder Zusammensetzung des Abschlussprüferhonorars als einen Indikator für dessen Unabhängigkeit.

Die Streichung der Wörter „im Sinne des § 319 Abs. 1 Satz 1, 2" zur Klarstellung des Begriffs **„Abschlussprüfer"** steht mit der entsprechenden Streichung in § 314 Abs. 1 Nr. 9 HGB in redaktionellem Zusammenhang. Ausweislich der Beschlussempfehlung des Rechtsausschusses ist sie in § 314 Abs. 1 Nr. 9 HGB damit zu begründen, dass Buchprüfer und Buchprüfungsgesellschaften nach § 319 Abs. 1 Satz 2 HGB keine Konzernabschlussprüfer sein dürfen.[113] Gleichwohl soll es sich bei dem „Abschlussprüfer"

---

[112] *init innovation in traffic systems AG, Karlsruhe* (Hrsg.): Jahresabschluss init AG 2009, S. 10.

[113] Vgl. BT-Drucks. 16/12407, S. 90 f.

(weiterhin) um den gesetzlichen Abschlussprüfer, also die bestellte Wirtschaftsprüferpraxis handeln.[114]

Das „Gesamthonorar" ist der Gesetzesbegründung zufolge[115] ein Nettobetrag, der den Auslagenersatz einschließt und nicht durch eventuelle, gegen den Abschlussprüfer gerichtete Schadenersatzansprüche gemindert wird. Soweit das angabepflichtige Unternehmen nicht vorsteuerabzugsberechtigt ist, wird es zwar durch die berechnete Umsatzsteuer belastet. Gleichwohl fließt dieser Honorarteil dem Abschlussprüfer nur als durchlaufender Posten zu und ist insoweit nicht als etwaiger Indikator im Zusammenhang mit der Beurteilung der Unabhängigkeit und der Prüfungsqualität des Abschlussprüfers geeignet. Die geforderten Beträge sind grundsätzlich in € anzugeben. Sofern angesichts der Größenordnung sinnvoll, ist aber auch die Angabe in T€ oder Mio € zulässig. Vorjahresbeträge werden nicht verlangt.

Das so konkretisierte „Gesamthonorar" muss vom Abschlussprüfer – also dem Willen des Gesetzgebers nach nicht etwa auch von ihm nahe stehenden Unternehmen oder Personen[116] – **für das Geschäftsjahr berechnet** worden sein und ist nach den in § 285 Nr. 17 Buchstabe a)-d) genannten Kategorien aufzuschlüsseln. Mit dieser Anforderung ist der Gesetzesbegründung zufolge eine leistungszeitgleiche Honorarangabe im Anhang beabsichtigt.[117] Anzugeben sind demnach bereits zugeflossene oder künftig noch zufließende Honorare für im Geschäftsjahr erbrachte Leistungen.

Im Schrifttum[118] wird diese Anforderung in Bezug auf Abschlussprüfungsleistungen, die, anders als häufig die Leistungen i. S. d. § 285 Nr. 17 Buchstaben b), c) und d) HGB regelmäßig zum Teil vor und zum Teil nach dem Bilanzstichtag für das abzuschließende Geschäftsjahr erbracht werden, wie folgt interpretiert: „Nach einigen Irrungen und Wirrungen im Text des Reg-E ist die endgültige Gesetzesfassung mit anderem Wortlaut wieder auf den bisher gültigen Inhalt zurückgekommen (Periodisierung). Deshalb ist der in der Rückstellung für die Abschlussprüfungsleistung des Berichtsjahres enthalte-

---

[114] Vgl. BT-Drucks. 16/10067, S. 70.

[115] Vgl. BT-Drucks. 16/10067, S. 70.

[116] A. A. IDW RS HFA 36, Anm. 7, in: IDW Fachnachrichten 2010, S. 245.

[117] Vgl. BT-Drucks. 16/10067, S. 70.

[118] *Lüdenbach, N./ Hoffmann, W.-D.*: Die wichtigsten Änderungen der HGB-Rechnungslegung durch das BilMoG, in: StuB 2009, S. 314.

ne Honoraranteil in die Angabepflicht einzubeziehen." Diese Interpretation bringt selbst die Gesetzesbegründung zum Ausdruck.[119] Ob allerdings „Mehr- oder Minderaufwendungen gegenüber dem Rückstellungsansatz ... im Anhang des Folgejahrs entsprechend der buchmäßigen Abwicklung mit zu erfassen (sind; Einfügung durch den Verfasser)"[120] erscheint angesichts dessen, dass der Gesetzgeber die Honorarangabe mit der Neufassung des § 285 Nr. 17 HGB leistungszeitgleich vorsehen will, nicht zwingend. Dafür spricht auch die Aussage in der Beschlussempfehlung des Rechtsausschusses zu § 285 Nr. 17 HGB, dass mit der Änderung dieser Vorschrift **keine grundlegende Änderung** (indes nicht keine Änderung) der bisherigen Praxis der Ermittlung der Honorarangabe verbunden sei.[121] Sofern in einem solchen Fall indes wesentliche, auf das Vorjahr entfallende angegebene Beträge gesondert durch „Davon-Vermerk" kenntlich gemacht werden,[122] steht dies der gesetzgeberischen Zielsetzung sicher nicht entgegen.

Aus der **Umbenennung** des für die Honoraraufschlüsselung maßgebenden **Tätigkeitsbereiches** a) Abschlussprüfungsleistungen (statt zuvor „Abschlussprüfung") sind keine materiellen Auswirkungen zu erwarten. Mit der Umbenennung des Tätigkeitsbereiches b) andere Bestätigungsleistungen (statt zuvor „sonstige Bestätigungs- oder Bewertungsleistungen") folgt der deutsche Gesetzgeber insoweit dem Wortlaut nach der Vorgabe in Art. 43 Abs. 1 Nr. 15 der Bilanzrichtlinie in der Fassung der Abschlussprüferrichtlinie. Aus dieser Umbenennung können sich materielle Änderungen ergeben. Der Gesetzesbegründung zufolge, fallen unter die Bestätigungsleistungen nämlich typischerweise Prüfungsleistungen, die außerhalb des Tätigkeitsbereiches a) erbracht wurden.[123] In zulässigem Rahmen erbrachte Bewertungsleistungen fallen daher nur soweit unter Tätigkeitsbereich b), wie es sich bei ihnen um Prüfungsleistungen außerhalb von Abschlussprüfungsleistungen handelt. Im Übrigen – was wohl der häufigere Fall sein wird – sind Bewertungsleistungen unter den Tätigkeitsbereich d) sonstige Leistungen zu subsumieren.

---

[119] Vgl. BT-Drucks. 16/10067, S. 70.

[120] So *Lüdenbach, N./ Hoffmann, W.-D.*: Die wichtigsten Änderungen der HGB-Rechnungslegung durch das BilMoG, in: StuB 2009, S. 314. Mit gleichem Ergebnis auch IDW RS HFA 35, Anm. 9, in: IDW Fachnachrichten 2010, S. 246.

[121] Vgl. BT-Drucks. 16/12407, S. 88.

[122] Vgl. IDW RS HFA 35, Anm. 9, in: IDW Fachnachrichten 2010, S. 246.

[123] Vgl. BT Drucks. 16/10067, S. 70 f.

Für Konzernunternehmen ermöglicht § 285 Nr. 17 HGB den Verzicht auf die Honorarangaben im jeweiligen Jahresabschluss, soweit diese Angaben in einem das Unternehmen einbeziehenden Konzernabschluss enthalten sind. Mit dieser Regelung setzt der deutsche Gesetzgeber das entsprechende Mitgliedstaatenwahlrecht in Art. 43 Abs. 1 Nr. 15 der Bilanzrichtlinie in der Fassung der Abschlussprüferrichtlinie um. Dem Wortlaut des § 285 Nr. 17 HGB nach greift diese **Escape-Klausel** für in einen Konzernabschluss einbeziehungspflichtige, als auch für darin freiwillig einbezogene Unternehmen; Ausnahmen für nicht konzernrechnungslegungspflichtige kapitalmarktorientierte Kapitalgesellschaften sind nicht kodifiziert. Wird die Escape-Klausel in Anspruch genommen, ist zwar kein entsprechender Hinweis im Anhang erforderlich, gleichwohl zu empfehlen.[124]

Hinsichtlich des Konzernabschlusses, in den die Unternehmen einbezogen werden, wird in § 285 Nr. 17 HGB nicht verlangt, dass es sich um einen **Konzernabschluss** handeln muss, der nach dem Recht des jeweiligen Mitgliedstaates aufgestellt ist. Art. 43 Abs. 1 Nr. 15 Unterabsatz 2 der Bilanzrichtlinie in der Fassung der Abschlussprüferrichtlinie stellt allerdings klar, dass im Hinblick auf § 285 Nr. 17 HGB nur ein nach der 7. EU-Richtlinie (Konzernabschlussrichtlinie) erstellter Konzernabschluss befreien kann. Dazu gehört auch ein nach § 315a HGB aufgestellter Konzernabschluss. Wird das Unternehmen also in einen Konzernabschluss einbezogen, der nicht nach dem Recht eines Mitgliedstaates aufgestellt ist (z. B. nach US-GAAP), so darf die nach § 285 Nr. 17 HGB im Jahresabschluss erforderliche Honorarangabe nach europarechtlichen Vorgaben nicht entfallen, auch wenn sie in diesem Konzernabschluss enthalten ist.

Die Honorarangabe darf im Jahresabschluss zudem nur dann entfallen, wenn sie in dem (gemäß den Vorschriften der 7. EU-Richtlinie erstellten) Konzernabschluss für das jeweilige darin einbezogene Unternehmen auch tatsächlich enthalten ist. Diese Anforderung setzt der Gesetzesbegründung zufolge **keine unternehmensbezogene Einzelangabe** voraus.[125] Sie wird im deutschen Rechtskreis erfüllt, wenn die Honorarinformation in die (zusammengefasste) Angabe nach § 314 Abs. 1 Nr. 9 HGB einbezogen wird. Dazu wird allerdings regelmäßig erforderlich sein, dass der Konzernabschlussprüfer gleichzeitig auch der Abschlussprüfer des jeweils einbezogenen Unternehmens ist oder die Honorare für die anderen einbezogenen Unternehmen im Konzernanhang entsprechend § 314 Abs. 1 Nr. 9 HGB aufgeschlüsselt freiwillig angegeben werden.

---

[124] Vgl. IDW RS HFA 35, Anm. 16, in: IDW Fachnachrichten 2010, S. 247.

[125] Vgl. BT-Drucks. 16/10067, S. 71.

3.3 Ergänzende neue Anhangangaben für große GmbH

Im Übrigen vertritt der Rechtsausschuss die Auffassung, dass § 285 Nr. 17 HGB eine abschlussspezifische Honorarangabe verlangt und das „Wahlrecht" zur Honorarangabe entweder im Jahresabschluss oder „befreiend" im Konzernabschluss sachgerecht nur bei einheitlicher Ausübung in Anspruch genommen werden kann.[126] Indes lässt sich diese Interpretation weder aus § 285 Nr. 17 HGB[127], noch aus dessen europarechtlichen Vorgaben ableiten.

Praxisbeispiele für Angaben nach § 285 Nr. 17 HGB:

Angaben unter „Sonstige Angaben"

Angaben zum Honorar des Abschlussprüfers

	2009 €
1. Abschlussprüferleistungen	286.100
2. Steuerberatungsleistungen	17.194
3. Sonstige Leistungen	59.500
Gesamthonorar	362.794
(davon entfallen auf das Vorjahr 0 €)	

ABB. 15: Angaben zum Abschlussprüferhonorar im Anhang, Praxisbeispiel
(Quelle: *HALLESCHE Krankenversicherungsgesellschaft auf Gegenseitigkeit, Stuttgart* (Hrsg.): Geschäftsbericht 2009, S. 69)

Angaben unter „Sonstige Angaben"

„Das vom Abschlussprüfer für das Geschäftsjahr 2009 berechnete Gesamthonorar nach § 285 Nr. 17 HGB ist in der entsprechenden Anhangsangabe des Konzernabschlusses der init AG enthalten."[128]

---

[126] Vgl. BT-Drucks. 16/12407, S. 88 und 91.

[127] Vgl. *Wollmert, P./Oser, P./Graupe, F.*: Anhangangaben zu den Abschlussprüferhonoraren und zu marktunüblichen Geschäften nach BilMoG, in: StuB 2010, S. 125 m. w. N.

[128] *init innovation in traffic systems AG, Karlsruhe* (Hrsg.): Jahresabschluss init AG 2009, S. 13.

3.3.3 Angaben zu nahe stehenden Unternehmen und Personen (§ 285 Nr. 21 HGB)

Grundlage für die neue Vorschrift des § 285 Nr. 21 bildet die Vorgabe des Art. 43 Abs. 1 Nr. 7b der Bilanzrichtlinie in der Fassung der Abänderungsrichtlinie. Aus Erwägungsgrund 6 der Abänderungsrichtlinie und der Gesetzesbegründung wird deutlich, dass die neuen Angabepflichten im Hinblick auf die **Beurteilung der Finanzlage** der Bilanzierenden nützlich sein sollen.[129]

Mit Einführung des § 285 Nr. 21 HGB werden Angaben verlangt, die zumindest teilweise die bislang bestehenden Angabeanforderungen im Hinblick auf Beziehungen zu verbundenen Unternehmen oder Vergütungen der Organmitglieder u. a. einschließen. Aus den Gesetzesmaterialien ist nicht ersichtlich, dass solche Angaben – insbesondere nach §§ 271 Abs. 2 i. V. m. 266, 268, 275, 285 Nr. 3, 9, 10, 11, 11a und 14 HGB, 312 und 20 f. AktG, 42 Abs. 3 GmbHG sowie 21 f. WpHG – bei inhaltlichen Überschneidungen aus diesen Vorschriften entfallen sollen. Sie bleiben demnach unberührt. Gleichwohl wird es sich in Fällen der **inhaltlichen Überschneidung mit** Anforderungen aus **anderen Vorschriften** einerseits zur Vermeidung von Redundanzen und andererseits aus Gründen der Klarheit und Übersichtlichkeit empfehlen, die jeweilige Angabe nur an einer Stelle des Anhangs aufzunehmen und kenntlich zu machen, dass die Angabe auch eine weitere Vorschrift betrifft. Dies erscheint auch im Fall der als lex specialis qualifizierbaren Bezügeangaben nach § 285 Nr. 9 HGB[130] sachgerecht.

Der in § 285 Nr. 21 verwendete Begriff „zumindest" bringt der Gesetzesbegründung zufolge zum Ausdruck, dass die Vorschrift als **Wahlrecht** ausgestaltet ist.[131] D. h. unter den in Nr. 21 genannten übrigen Voraussetzungen sind

▶ entweder alle mit nahe stehenden Unternehmen und Personen zu marktunüblichen Bedingungen abgeschlossenen Geschäfte, soweit sie wesentlich sind

▶ oder aber alle diese Geschäfte anzugeben, unabhängig von der Wesentlichkeit und ihrer konditionenbezogenen Ausgestaltung.

---

[129] Vgl. BT-Drucks. 16/10067, S. 71 f.

[130] So IDW ERS HFA 33, Anm. 28, in: IDW Fachnachrichten 2009, S. 682. A. A. *Lüdenbach, N.*: Anhangangabe bei marktunüblichem Darlehen an zum Vorstand beförderten Arbeitnehmer, in: StuB 2010, S. 68.

[131] Vgl. BT-Drucks. 16/10067, S. 71 sowie auch IDW, Stellungnahme vom 26. 9. 2008 zum BilMoG Reg-E, S. 7.

3.3 Ergänzende neue Anhangangaben für große GmbH

In der Gesetzesbegründung werden weitere in § 285 Nr. 21 HGB verwendete Begriffe zudem wie folgt konkretisiert:[132]

- Unter die „**Geschäfte**" fallen neben Rechtsgeschäften auch Maßnahmen.[133] Zu den Rechtsgeschäften gehören Käufe, Verkäufe, Nutzung oder Nutzungsüberlassung von Vermögensgegenständen (Grundstücke, Gebäude, fertige Erzeugnisse oder Waren u. a.), der Bezug oder die Erbringung von Dienstleistungen sowie Finanzierungen (Darlehensgewährungen u. a.). Maßnahmen sind z. B. die Gewährung von Sicherheiten (Bürgschaften u. a.), die Übernahme der Erfüllung von Verbindlichkeiten, Abstimmungen im Ein- oder Verkauf oder Re- bzw. Umstrukturierungen (Produktionsverlagerungen oder -änderungen, Stilllegung von Betriebsteilen u. a.). Dem Wortlaut des § 285 Nr. 21 HGB nach sind abgeschlossene Geschäfte bei Erfüllung der übrigen Voraussetzungen anzugeben, also zu nennen. In der Gesetzesbegründung wird klargestellt, dass unterlassene Rechtsgeschäfte und/oder Maßnahmen dagegen nicht unter die Angabepflicht fallen.

- „**Nicht marktübliche Bedingungen**" sind mittels Drittvergleich festzustellen und dann anzunehmen, wenn ein unabhängiger, fremder Dritter das Geschäft zu den vereinbarten Konditionen nicht abgeschlossen hätte. Zur Konkretisierung dessen, welche „Bedingungen" auf Fremdüblichkeit beurteilt werden müssen, enthält die Gesetzesbegründung keine eigenen Hinweise. Insoweit wird auf die allgemeinen Standards zur Berichterstattung im Abhängigkeitsbericht oder im Steuerrecht zurück gegriffen werden können. Danach fallen unter die Bedingungen z. B. Preise bzw. Vergütungen, Mengen, Qualitäten bzw. Servicelevels, Zahlungsmodalitäten oder auch Vereinbarungen zur Dauer einer Leistungsbeziehung. Dabei sind den Unternehmen z. B. abhängig von den Marktverhältnissen, den Unternehmenszielen, der Unternehmensstrategie und der Liquiditätslage u. a. Ermessensspielräume zuzugestehen, so dass etwa Fremdvergleichspreise im Rahmen einer Bandbreite ermittelt werden können.[134]

---

[132] Vgl. BT-Drucks. 16/10067, S. 71 f.

[133] Im Rahmen des Gesetzgebungsverfahrens wurde angeregt, dieses Verständnis des Begriffs „Geschäfte" auch im Wortlaut der Vorschrift durch Verwendung der Begriffe „Rechtsgeschäfte und Maßnahmen" an Stelle des Begriffs „Geschäfte" zum Ausdruck zu bringen, vgl. IDW, Stellungnahme vom 4. 1. 2008 zum BilMoG Ref-E, S. 17. Der Gesetzgeber ist dieser Anregung nicht gefolgt.

[134] Vgl. dazu auch *AFRAC*: Stellungnahme „Anhangangaben zu Geschäften mit nahe stehenden Unternehmen und Personen gemäß §§ 237 Z 8b und 266 Z 2b UGB", S. 8, Anm. 20, dort Fußnote 4.

► Angabepflichtige Geschäfte müssen mit „nahe stehenden Unternehmen und Personen abgeschlossen" worden sein. Die nahe stehende Beziehung muss also im Zeitpunkt des Geschäftsabschlusses bestanden haben.[135] Der Begriff „**nahestehende Unternehmen und Personen**" ist entsprechend der Definition in den IFRS zu verstehen, wie sie in der EU anzuwenden sind, gegenwärtig insoweit IAS 24. Dies ergibt sich aus Art. 43 Abs. 1 Nr. 7b Unterabsatz 4 der Bilanzrichtlinie in der Fassung der Abänderungsrichtlinie sowie aus Erwägungsgrund 6 der Abänderungsrichtlinie. Nach IAS 24 schließt der Begriff die verbundenen Unternehmen ein, umfasst aber weitergehend u. a. auch Gemeinschaftsunternehmen und assoziierte Unternehmen sowie bestimmte natürliche Personen (z. B. Organmitglieder, weitere Angehörige des Managements in Schlüsselpositionen oder jeweils deren nahe Familienangehörige). Zu Einzelheiten wird auf die Definition in IAS 24.9-24.11 verwiesen.[136] Hinzuweisen ist darauf, dass sich die in der Abänderungsrichtlinie enthaltene Bezugnahme auf IAS 24 ausdrücklich nur auf die Begriffsdefinition „nahe stehende Unternehmen und Personen" erstreckt. Die Ausgestaltung der Berichtspflicht nach § 285 Nr. 21 HGB ist dagegen nicht nach IAS 24 auszulegen;[137] sie ist im Übrigen inhaltlich auch abweichend von den Vorgaben des IAS 24 konzipiert.

---

[135] Vgl. IDW ERS HFA 33, Anm. 14, in: IDW Fachnachrichten 2009, S. 680 f.

[136] Weitergehende Zweifelsfragen z. B. wodurch "Schlüsselpositionen" charakterisiert sind oder unter welchen Voraussetzungen Familienangehörige als nahe stehende Personen zu qualifizieren sind, werden z. B. beantwortet bei *Niehus, R. J.*: Berichterstattung über Geschäfte mit nahe stehenden natürlichen Personen nach dem BilMoG und dem Deutschen Corporate Governance Kodex, in: DB 2008, S. 2494-2496 und *Niehus, R. J.*: Nahestehende Personen nach dem BilMoG, in: DStR 2008, S. 2281 jeweils m. w. N. Zum Begriff "nahe stehende Unternehmen und Personen" siehe zudem IDW ERS HFA 33, Anm. 8-12, in: IDW Fachnachrichten 2009, S. 679-681 sowie mit weiter gehenden Erläuterungen dazu *Rimmelspacher, D./Fey, G.*: Anhangangaben zu nahe stehenden Unternehmen und Personen nach dem BilMoG, in: WPg 2010, S. 184. Eine anschauliche Fallstudie, u. a. mit Abgrenzung eines Kreises von nahe stehenden Unternehmen und Personen präsentiert *Theile, C.*: Anhangangaben zu nahe stehenden Unternehmen und Personen, in: BBK 2010, S. 175-181.

[137] Diese Auffassung vertritt auch der österreichische Gesetzgeber bei seiner Umsetzung des Art. 43 Abs. 1 Nr. 7b der Bilanzrichtlinie in der Fassung der Abänderungsrichtlinie, vgl. die Begründung zur Regierungsvorlage für ein Unternehmensrechtsänderungsgesetz 2008, S. 12, abrufbar im Internet unter http://www.parlament.gv.at/PG/DE/XXIII/I/I_00467/pmh.shtml.

3.3 Ergänzende neue Anhangangaben für große GmbH

Die weiteren in § 285 Nr. 21 HGB verwendeten Begriffe, werden weder durch den Gesetzestext noch durch die Gesetzesbegründung oder durch die Abänderungsrichtlinie ergänzend erläutert und inhaltlich konkretisiert. Anhaltspunkte dafür liefern u. a. Verlautbarungen von Standardsettern oder das einschlägige Schrifttum:

▶ Anzugeben sind mit nahe stehenden Unternehmen und Personen zu nicht marktüblichen Bedingungen abgeschlossene „Geschäfte, soweit sie **wesentlich** sind". Der Wortlaut des Art. 43 Abs. 1 Nr. 7b der Bilanzrichtlinie in der Fassung der Abänderungsrichtlinie spricht dagegen von der Angabepflicht, „sofern die Geschäfte wesentlich sind" (Hervorhebung und Unterstreichungen durch den Verfasser eingefügt). Das bedeutet, dass die Geschäfte in ihrer Summe auf Wesentlichkeit zu beurteilen und bei Erfüllung der übrigen Voraussetzungen in Gänze anzugeben sind. Die Angabepflicht beschränkt sich also nicht nur auf den wesentlichen Teil der Geschäfte oder allein auf wesentliche Einzelgeschäfte. Folgerichtig wird auch eine Bündelung der angabepflichtigen Geschäfte nach Geschäftsarten ermöglicht. Hinsichtlich der Wesentlichkeit bestehen mangels Konkretisierung im Wortlaut des § 285 Nr. 21 HGB und in dessen Begründung Ermessensspielräume. Im Schrifttum sind dazu u. a. auch quantitative Interpretationsversuche zu finden.[138] Allerdings können quantitative Schwellenwerte zur Bestimmung von Wesentlichkeit nicht allgemein vorgegeben werden. Maßgebend sind insbesondere das jeweilige Geschäft und die jeweilige wirtschaftliche Lage des bilanzierenden Unternehmens im Einzelfall. Bei Beurteilung der Wesentlichkeit ist eine kompensatorische Betrachtung der Auswirkung gegenläufiger Geschäfte nicht zulässig.[139]

▶ Bei der „**Art der Beziehung**" wird inhaltlich auf die Eigenschaft abzustellen sein, die das jeweilige Unternehmen oder die jeweilige Person als dem bilanzierenden Unternehmen nahe stehend qualifiziert, z. B. Mutterunternehmen, Tochterunternehmen, Organmitglied, Management in Schlüsselposition, Familienangehörige u. a.

▶ Angaben zum „**Wert des Geschäfts**" umfassen Betragsangaben in Euro. Zwar sprechen der Wortlaut des § 285 Nr. 21 von „Wert" und der Wortlaut der Gesetzesbe-

---

[138] Mit Verweis auf entsprechende Handhabungen in der Praxis wird darin etwa die Wesentlichkeit u. a. dann angenommen, wenn der Betrag der Geschäfte mit nahe stehenden Unternehmen oder Personen im Verhältnis zu einer als Indikator für die Finanzlage dienenden Bezugsgröße 10 % oder mehr ausmacht; vgl. *Niehus, R. J.*: Nahestehende Personen nach dem BilMoG, in: DStR 2008, S. 2282 m. w. N.

[139] Vgl. auch IDW ERS HFA 33, Anm. 7, in: IDW Fachnachrichten 2009, S. 679 sowie *Rimmelspacher, D./Fey, G.*: Anhangangaben zu nahe stehenden Unternehmen und Personen nach dem BilMoG, in: WPg 2010, S. 186.

gründung[140] sowie der deutschen Fassung des Art. 43 Abs. 1 Nr. 7b der Bilanzrichtlinie von „Wertumfang" statt „Betrag". Allerdings verwendet Art. 43 Abs. 1 Nr. 7b der Bilanzrichtlinie im englischen Wortlaut den insoweit eindeutigen Begriff „amount".[141] Als Wert des Geschäfts anzugebende Beträge werden überwiegend als vereinbartes (nicht diskontiertes) Gesamtentgelt verstanden, bei Dauerschuldverhältnissen ferner als das auf die im Geschäftsjahr erbrachten oder erhaltenen Leistungen entfallende Entgelt sowie grundsätzlich als die auf die Restlaufzeit des Schuldverhältnisses nach dem Abschlussstichtag voraussichtlich entfallenden Entgelte. Bei unentgeltlich abgeschlossenen Geschäften ist als Wert ein Betrag von 0 € anzugeben.[142]

▶ Neben der Nennung der Geschäfte sowie Angaben zur Art der Beziehung und zum Wert der Geschäfte sind „weitere Angaben" zu machen, „die für die Beurteilung der Finanzlage notwendig sind". Dazu können in Anlehnung an den mittlerweile aufgehobenen DRS 11 (Tz. 12) z. B. gehören: Eine Beschreibung der Geschäfte (über die bloße Nennung hinaus), daraus resultierende Forderungen, Verbindlichkeiten und/oder Haftungsverhältnisse sowie die Preisgestaltung bzw. die Gestaltung sonstiger maßgeblicher Konditionen. In welchen Fällen solche oder ähnliche weitere Angaben notwendig sind, wird in der Gesetzesbegründung nicht erläutert. Allerdings wird der Begriff der **„Notwendigkeit"** im Rahmen von § 285 Nr. 21 HGB nur im Zusammenhang mit der möglichen Bündelung angabepflichtiger Geschäfte nach Geschäftsarten in Form eines Rahmengrundsatzes konkretisiert. Wird dieser analog auf die Konkretisierung der Notwendigkeit weiterer Angaben angewendet, lässt sich folgern, dass die Angaben zu den Geschäften mit nahe stehenden Unternehmen und Personen insgesamt die Adressaten in die Lage versetzen müssen, die Auswirkung dieser Geschäfte auf die Finanzlage des Unternehmens selbständig, also ohne weitere Zusatzinformationen, beurteilen zu können. Sind dazu „weitere Angaben" erforderlich, müssen solche in den Anhang aufgenommen werden und zwar so weit, bis diese Beurteilung möglich wird. Die Notwendigkeit weiterer Angaben wird daher von Unternehmen einzelfallabhängig zu entscheiden sein. Denk-

---

[140] Vgl. BT-Drucks. 16/10067, S. 72.

[141] abrufbar im Internet unter http://eur-lex.europa.eu/LexUriServ/LexUriServ.do?uri=CELEX:32006L0046:EN:HTML.

[142] Vgl. IDW ERS HFA 33, Anm. 20 f., in: IDW Fachnachrichten 2009, S. 681 sowie diesem folgend *Rimmelspacher, D./Fey, G.:* Anhangangaben zu nahe stehenden Unternehmen und Personen nach dem BilMoG, in: WPg 2010, S. 187 und *Wollmert, P./Oser, P./Graupe, F.:* Anhangangaben zu den Abschlussprüferhonoraren und zu marktunüblichen Geschäften nach BilMoG, in: StuB 2010, S. 130.

bare Fälle für „weitere Angaben" können z. B. in Bezug auf ihr Volumen ungewöhnliche Geschäfte sein oder Dauerschuldverhältnisse, die mit einer ungewöhnlich langen Bindungsdauer oder ungewöhnlichen Kündigungsmodalitäten abgeschlossen wurden.[143]

Vorgenannte Angaben müssen nicht zwingend je Einzelgeschäft gemacht werden. § 285 Nr. 21 3. Teilsatz HGB ermöglicht – als **Wahlrecht** – die Angaben nach Geschäftsarten zusammen zu fassen; dies trägt auch zur Klarheit und Übersichtlichkeit der Angaben bei. Voraussetzung für die Angabenbündelung ist indes, dass für die Beurteilung der Auswirkungen der Geschäfte auf die Finanzlage keine getrennte Angabe notwendig ist. Durch diese Einschränkung findet die **Zusammenfassung von Angaben** ausweislich der Gesetzesbegründung ihre Grenze dort, wo die Abschlussadressaten durch die gegebenen Informationen nicht in die Lage versetzt werden, die Finanzlage des Unternehmens selbständig, also ohne weitere Zusatzinformationen, zu beurteilen.[144] Vor diesem Hintergrund wird das Wahlrecht zur Bündelung von Angaben nicht entweder/oder verstanden werden müssen. Denkbar ist ebenso, zum Teil Angaben nach Geschäftsarten zu bündeln und zum Teil die geforderten Angaben auch für Einzelgeschäfte zu machen. Der Begriff „**Geschäftsarten**" wird in den Gesetzesmaterialien nicht konkretisiert. Das eröffnet Ermessensspielräume. Denkbar ist etwa, z. B. mehrere „Käufe und Verkäufe von Vermögensgegenständen" oder „Leasinggeschäfte" oder „Darlehensgewährungen" oder „Bürgschaftsgewährungen" zusammenzufassen. Sofern nicht abweichend notwendig, wird aber auch eine höher aggregierte Zusammenfassung der Geschäfte möglich sein, z. B. als „Lieferungs- und Leistungsgeschäfte" oder „Finanzierungsgeschäfte".

§ 285 Nr. 21 2. Teilsatz HGB schließt solche Geschäfte von der Angabepflicht aus,

- die mit und zwischen mittel- oder unmittelbar in 100%igem Anteilsbesitz des bilanzierenden Unternehmens stehenden und

- in einen Konzernabschluss einbezogenen Unternehmen abgeschlossen wurden.

Diese **konzernbedingten Erleichterungen** sollen ausweislich der Gesetzesbegründung insbesondere hoch integrierte Konzerne mit umfangreichem innerkonzernlichen Leis-

---

[143] Vgl. IDW ERS 33, Anm. 22, in: IDW Fachnachrichten 2009, S. 681.

[144] Vgl. BT-Drucks. 16/10067, S. 72.

tungsverkehr von sonst ggf. sehr umfangreichen Angabeerfordernissen entlasten.[145] Die Erleichterung gilt sowohl für alle Geschäfte, die das bilanzierende Unternehmen mit seinen konsolidierten 100%igen Beteiligungen abschließt als auch für alle Geschäfte, die die konsolidierten 100%igen Beteiligungen des bilanzierenden Unternehmens untereinander abschließen. Um ungewünschte Umgehungen der Angabepflicht zu vermeiden, sind nicht konsolidierungspflichtige 100%ige Beteiligungen von der Befreiung ausgenommen. Die Ausnahme der Geschäfte mit und zwischen konsolidierten 100%igen Beteiligungen des bilanzierenden Unternehmens von der Angabepflicht stützt sich auf den Wortlaut des Art. 43 Abs. 1 Nr. 7b Unterabsatz 3 der Bilanzrichtlinie in der Fassung der Abänderungsrichtlinie.[146] Weitergehende konzernbedingte Erleichterungen, etwa in Form der Ausnahme von Geschäften mit und zwischen allen konsolidierungspflichtigen Unternehmen innerhalb eines Konzerns von der Angabepflicht[147], eröffnet dieser Wortlaut nicht.[148]

Das durch den in § 285 Nr. 21 verwendeten Begriff „zumindest" zum Ausdruck gebrachte Wahlrecht, entweder alle zu marktunüblichen Bedingungen abgeschlossenen Geschäfte, soweit sie wesentlich sind (1) oder aber alle Geschäfte unabhängig von ihrer Wesentlichkeit und ihrer konditionenbezogenen Ausgestaltung (2) anzugeben, soll – unter Berücksichtigung der konzernbedingten und größenabhängigen Erleichterungen – jährlich neu ausgeübt werden dürfen.[149] Dabei muss das bilanzierende Unternehmen zwischen Alternativen (1) und (2) abwägen. Für Alternative (2) wird aus Sicht der Unternehmen die nicht offenkundige Offenlegung steuerlich relevanter Informationen und aus Sicht der Adressaten die aufgrund dessen wahrscheinlich eher gegebene Vergleichbarkeit mit anderen Unternehmen sprechen. Für (1) sprechen sich Teile des Schrifttums aufgrund der damit verbundenen Klarheit und Übersichtlichkeit aus.[150] Zu bedenken ist vor allem auch, dass die Wahl dieser Alternative zur Nichtangabe führt,

---

[145] Vgl. BT-Drucks. 16/10067, S. 72.

[146] Kritisch zur Weitergabe dieses Mitgliedstaatenwahlrechts *Hoffmann, W.-D./Lüdenbach, N.*: Inhaltliche Schwerpunkte des BilMoG-Regierungsentwurfs, in: DStR 2008, Beihefter zu Heft 30/2008, S. 66.

[147] Dies wurde im Rahmen des Gesetzgebungsverfahrens vom DSR aus Kosten- und Praktikabilitätsgründen angeregt, vgl. DRSC, Stellungnahme vom 8. 2. 2008 zum BilMoG Ref-E, S. 2.

[148] Auch die vom ZKA geforderte Beschränkung der Angabepflicht nur auf den Konzernabschluss, vgl. ZKA, Stellungnahme vom 18. 1. 2008 zum BilMoG Ref-E, S. 12 f., ist mit dem Wortlaut des Art. 43 Abs. 1 Nr. 7b der Bilanzrichtlinie in der Form der Abänderungsrichtlinie nicht vereinbar.

[149] Vgl. IDW ERS HFA 33, Anm. 28, in: IDW Fachnachrichten 2009, S. 682.

[150] Vgl. *Hoffmann, W.-D./Lüdenbach, N.*: Inhaltliche Schwerpunkte des BilMoG-Regierungsentwurfs, in: DStR 2008, Beihefter zu Heft 30/2008, S. 66.

3.3 Ergänzende neue Anhangangaben für große GmbH

wenn mit nahe stehenden Unternehmen und Personen keine Geschäfte zu marktunüblichen Bedingungen zustande gekommen sind.

Ungeachtet der tatsächlichen Wahlrechtsausübung wird die Angabe von **Vorjahreszahlen** ebenso wenig verlangt, wie eine **Darlegung der Ausübung** des Wahlrechts oder bei Angabe aller Geschäfte eine **Aufschlüsselung** in solche, die zu marktüblichen Bedingungen und die zu nicht marktüblichen Bedingungen abgeschlossen wurden. Sofern alle Geschäfte zu marktüblichen Bedingungen abgeschlossen wurden und im Ergebnis der Wahl der oben bezeichneten Alternative (1) keine Geschäfte anzugeben sind, ist keine Negativerklärung gefordert. Gleichwohl wird dann eine **Negativerklärung** zur Information der Adressaten darüber, dass die Angabe nicht unterlassen wurde, sachgerecht sein.[151] Gesetzlich verlangt wird sie aber nicht.

Die skizzierten **Prüfschritte und Rechtsfolgen** aufgrund der Einfügung des § 285 Nr. 21 HGB sind in der nachfolgenden Abbildung zusammen gefasst dargestellt:

---

[151] GIA Lüdenbach, N./Hoffmann, W.-D.: Die wichtigsten Änderungen der HGB Rechnungslegung durch das BilMoG, in: StuB 2009, S. 313; Hoffmann, W.-D.: Der Anhang vor und nach dem BilMoG, in: BRZ 2009, S. 264.

94 3. Erläuterungen zu den durch das BilMoG geänderten Anhangvorschriften

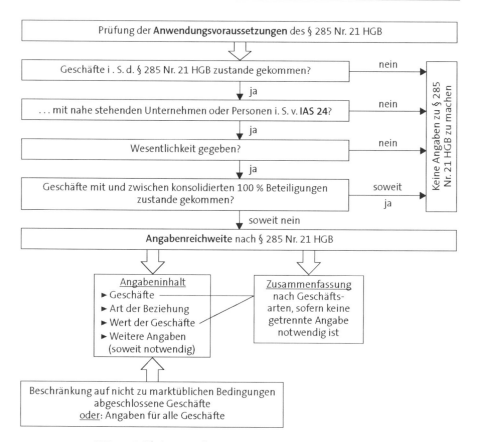

ABB. 16: Prüfschema zu § 285 Nr. 21 HGB-Anwendungsvoraussetzungen und Rechtsfolgen für die große GmbH
(Quelle: Vgl. Philipps, H.: Rechnungslegung nach BilMoG, Wiesbaden 2010, S. 277)

3.3 Ergänzende neue Anhangangaben für große GmbH

Soweit Angaben nach § 285 Nr. 21 HGB in den Anhang aufzunehmen sind und verschiedenartige Geschäfte mit nahe stehenden Unternehmen verschiedener Art abgeschlossen wurden, eignet sich für ihre Präsentation aus Gründen der Klarheit und Übersichtlichkeit eine tabellarische Darstellung, beispielsweise wie folgt:

Art der Beziehung \ Art des Geschäfts	Verkäufe in Mio. €	Käufe in Mio. €	Erbringen von Dienstleistungen in Mio. €	Bezug von Dienstleistungen in Mio. €	...
Tochterunternehmen	7	8	4	7	
Assoziierte Unternehmen	3	2	1	3	
Personen in Schlüsselpositionen	2	3	---	3,5	
Nahe Familienangehörige	5	---	---	4	
.					
.					
.					

ABB. 17: Beispiel zur Darstellung der Angaben nach § 285 Nr. 21 HGB im Anhang
(Quelle: IDW ERS 33, Anm. 22, in: IDW Fachnachrichten 2009, S. 682)

Wurde mit nahe stehenden Unternehmen und Personen nur eine geringe Zahl von Geschäften abgeschlossen oder sind die abgeschlossenen Geschäfte gleichartig oder die nahe stehenden Unternehmen und Personen gleicher Art, kommt auch eine Formulierung der Angaben nach § 285 Nr. 21 HGB in reiner Textform in Betracht.

Praxisbeispiele für Angaben nach § 285 Nr. 21 HGB:

Angaben unter „Sonstige Angaben"

„Geschäfte mit nahe stehenden Unternehmen und Personen bestehen insbesondere innerhalb des ALTE LEIPZIGER – HALLESCHE Konzerns. Die Geschäfte erfolgen zu marktüblichen Bedingungen."[152]

---

[152] *HALLESCHE Krankenversicherungsgesellschaft auf Gegenseitigkeit, Stuttgart* (Hrsg.): Geschäftsbericht 2009, S. 70.

Angaben unter „Sonstige Angaben"

„Im Berichtsjahr gab es keine wesentlichen Geschäfte mit nahe stehenden Unternehmen und Personen, die für die Beurteilung der Finanzlage notwendig sind und zu nicht marktüblichen Bedingungen zustande gekommen sind."[153]

Angaben unter „Sonstige Angaben"

„Als nahe stehende Unternehmen und Personen i. S. d. § 285 Nr. 21 HGB unter Anwendung der Definitionen des IAS 24 gelten Unternehmen und Personen, wenn eine der Parteien direkt oder indirekt über die Möglichkeit verfügt, die anderen Partei zu beherrschen oder einen maßgeblichen Einfluss auszuüben oder an der gemeinsamen Führung des Unternehmens beteiligt sind.

Als nahe stehende Personen bzw. Unternehmen wurden die folgenden Personen bzw. Unternehmen identifiziert:

...

Wesentliche marktunübliche Geschäfte i. S. d. § 285 Nr. 21 HGB wurden im Geschäftsjahr mit o. g. Personen und Gesellschaften nicht getätigt."[154]

Angaben unter „Sonstige Angaben"

„Im Berichtsjahr wurden Umsatzerlöse in Höhe von 12 T€ mit der CarMedialab aufgrund eines Dienstleistungsvertrages erwirtschaftet. Eine Ausleihung gegenüber der CarMedialab besteht zum Bilanzstichtag in Höhe von 120 T€. Das Darlehen wurde mit einer unbefristeten Laufzeit erteilt und wird mit einem Zinssatz von 6 % p. a. verzinst.

Zum Bilanzstichtag besteht ein Haftungsverhältnis gegenüber der CarMedialab, das unter der Anhangsangabe Haftungsverhältnisse aufgeführt wird.

---

[153] *OnVista AG, Köln* (Hrsg.): Jahresabschluss der OnVista AG mit Lagebericht zum 31. 12. 2009 (nach HGB), S. 14.

[154] *hotel.de AG, Nürnberg und Hamm* (Hrsg.): Geschäftsbericht 2009 der hotel.de AG, S. 64.

Vergütung der Personen in Schlüsselpositionen des Managements

Als Personen in Schlüsselpositionen des Managements werden die Vorstände der init AG und die Geschäftsführer der INIT GmbH angesehen. Wir verweisen bezüglich der Vergütung auf die Anhangsangabe zu den Bezügen der Organmitglieder."[155]

Angaben unter „Sonstige Erläuterungen"

„Nahe stehende Unternehmen und Personen sind juristische oder natürliche Personen, die auf die Bayer AG Einfluss nehmen können oder der Kontrolle oder einem maßgeblichen Einfluss durch die Bayer AG unterliegen.

Geschäfte mit nahe stehenden Unternehmen und Personen werden insbesondere mit Tochter-, Gemeinschafts- und assoziierten Unternehmen abgeschlossen, ferner mit Versorgungsplänen. Es handelt sich vor allem um Miet-, Dienstleistungs- und Finanzierungsgeschäfte. Sofern für derartige Geschäfte ein entsprechender Markt besteht, werden sie regelmäßig zu auf dem jeweiligen Markt üblichen Konditionen abgeschlossen.

Gegenüber der Bayer-Pensionskasse hat sich die Bayer AG zur Bereitstellung eines Genussrechtskapitals in Höhe von 150 Mio. € verpflichtet, das 2008 und 2009 jeweils in voller Höhe begeben war. Zudem war mit der Bayer-Pensionskasse im Jahr 2008 die Einrichtung eines sogenannten rückzahlbaren Gründungsstocks vereinbart worden. Dieser war zum Abschlussstichtag unverändert zum Vorjahr mit 310 Mio. € in Anspruch genommen."[156]

---

[155] *init innovation in traffic systems AG, Karlsruhe* (Hrsg.): Jahresabschluss init AG 2009, S. 13.

[156] *Bayer AG, Leverkusen* (Hrsg.): Geschäftsbericht 2009, S. 35.

Angaben unter „Erläuterung der Bilanz"

(31) Geschäfte mit nahestehenden Unternehmen und Personen

in Mio. €			Art des Geschäfts		
Art der Beziehung	Verkäufe	Käufe	Erbrachte Dienstleistungen	Bezug von Dienstleistungen	gezahlte Mieten
Verbundene Unternehmen	670	56	157	189	12
Assoziierte Unternehmen	-	-	-	-	-
Joint Ventures	12	-	-	-	-
Gesamtergebnis	**682**	**56**	**157**	**189**	**12**

in Mio. €			Art des Geschäfts		
Art der Beziehung	Lizenzerlöse	sonstige Aufwendungen	sonstige Erträge	Zinserträge	Gesamtergebnis
Verbundene Unternehmen	33	560	107	6	1.790
Assoziierte Unternehmen	2	26	10	-	16
Joint Ventures	-	4	-	-	16
Gesamtergebnis	**35**	**590**	**117**	**6**	**1.844**

In Bezug auf die Erträge und Aufwendungen aus Gewinnabführungsverträgen mit Tochtergesellschaften wir auf Textziffer 7 verwiesen. Die Aufwendungen aus Gewinnabführung an Evonik Industries AG sind in der Gewinn- und Verlustrechnung dargestellt.

Die Aufstellung enthält sämtliche wesentlichen Geschäfte mit nahestehenden Unternehmen und Personen.

ABB. 18: Angaben zu Geschäften mit nahe stehenden Unternehmen und Personen
im Anhang, Praxisbeispiel
(In Anlehnung an: *Evonik Degussa GmbH, Essen* (Hrsg.):
Jahresabschluss zum 31. 12. 2009, S. 17)

3.3 Ergänzende neue Anhangangaben für große GmbH

Angaben unter „Sonstige Angaben"

3.) Geschäfte mit nahe stehenden Unternehmen und Personen
Die wesentlichen Geschäfte mit nahe stehenden Unternehmen und Personen unterteilen sich wie folgt:

In T €	Art des Geschäfts					
	Umsatz aus		Umsatz aus			
Art der Beziehung	Käufe von Vorratsvermögen	Verkäufen von Gütern	erbrachten Dienstleistungen	Bezug von Dienstleistungen	Gezahlte Mieten	Lizenzerlöse
Verbundene Unternehmen	3.120	122.927	2.005	40.884	1.971	2.557
Assoziierte Unternehmen	177.458	14.950	22.569			
	180.578	137.877	24.574	40.884	1.971	2.557

Die Aufwendungen aus Gewinnabführungen an Evonik Degussa GmbH sowie Zinserträge aus Cashpooling mit Evonik Industries AG sind in der Gewinn- und Verlustrechnung dargestellt.

ABB. 19: Angaben zu Geschäften mit nahe stehenden Unternehmen und Personen
im Anhang, Praxisbeispiel 2
(In Anlehnung an: *Evonik Stockhausen GmbH, Krefeld* (Hrsg.):
Jahresabschluss zum 31. 12. 2009, S. 8)

3.3.4 Angaben zu latenten Steuern (§ 285 Nr. 29 HGB)

Die Vorschrift ergänzt die mit dem BilMoG neu gefasste Vorschrift des § 274 HGB (latente Steuern).[157]

Gemäß § 285 Nr. 29 HGB ist im Anhang anzugeben, auf welchen Differenzen oder steuerlichen Verlustvorträgen die latenten Steuern beruhen und mittels welcher Steuersätze sie bewertet wurden. Dem Wortlaut der Vorschrift nach sind diese Angaben nicht daran gebunden, dass das bilanzierende Unternehmen im Jahresabschluss latente Steuern ausweist. Auch bilanzierende Unternehmen, die im Jahresabschluss keine

---

[157] Vgl. dazu *Philipps, H.*: Rechnungslegung nach BilMoG, Wiesbaden 2010, S. 206-216.

latenten Steuern ausweisen sind daher verpflichtet, die nach § 285 Nr. 29 HGB geforderten Angaben in den Anhang aufzunehmen. Das stellt die Beschlussempfehlung des Rechtsausschusses klar;[158] den Bezug dazu liefert Art. 43 Abs. 1 Nr. 11 der Bilanzrichtlinie. Gleichwohl verlangt § 285 Nr. 29 HGB über den tatsächlichen oder in zulässiger Weise unterbliebenen Bilanzansatz latenter Steuern hinaus gehende Angaben. Denn sonst liefe die Angabepflicht des § 285 Nr. 29 HGB bei Unternehmen, die latente Steuern bilanzieren, nahezu ins Leere. So weitgehende Informationspflichten, wie in der Regierungsbegründung mit der Verpflichtung zur Erstellung einer Überleitungsrechnung i. S. d. IAS 12.81(c) gefordert,[159] lassen sich allerdings aus dem Wortlaut des § 285 Nr. 29 HGB nicht ableiten.[160]

Aus dem Wortlaut des § 285 Nr. 29 HGB ableitbar und auch zur sachgerechten Information der Abschlussadressaten geeignet, sind folgende Angaben:[161]

- Welcher kombinierte **Steuersatz** (für KSt, GewSt und SolZ sowie inklusive eventueller ausländischer Steuersätze) oder welche unterschiedlichen Steuersätze jeweils bei der Bewertung der latenten Steuern angewendet wurden (Konkretisierung des Terminus „welchen Steuersätzen").

- Soweit steuerliche **Verlustvorträge** bestehen eine Aufschlüsselung nach der Steuerart (KSt und/oder GewSt) sowie ihrer Herkunft aus dem Inland oder dem Ausland (Konkretisierung des Terminus „welchen ... steuerlichen Verlustvorträgen").

- Im Übrigen Auflistung wesentlicher **Wertansatzdifferenzen** (Konkretisierung des Terminus „welchen Differenzen"), z. B. wie folgt:[162]

---

[158] Vgl. BT-Drucks. 16/12407, S. 88.

[159] Vgl. BT-Drucks. 16/10067, S. 68.

[160] Vgl. *Philipps, H.*: Rechnungslegung nach BilMoG, Wiesbaden 2010, S. 292 m. w. N. sowie *Ellrott, H.*: § 285 HGB, in: BeckBilKom, 7.Aufl., Anm. 474. Gleichwohl verlangt DRS 18 die Aufnahme einer Überleitungsrechnung in den Konzernanhang und empfiehlt dies auch für den Anhang im Jahresabschluss, vgl. DRSC (Hrsg.), DRS 18, Latente Steuern, Anm. 67 i. V. m Anm. 7, Beilage zum Bundesanzeiger Nr. 133/2010. In Anm. A 15 des DRS 18 ist ein Gliederungsvorschlag für eine solche Überleitungsrechnung enthalten.

[161] Vgl. *Hoffmann, W.-D./Lüdenbach, N.*: Irrungen und Wirrungen in der Steuerlatenzrechnung nach dem BilMoG, in: NWB 2009, S. 1481 f.

[162] Vgl. *Philipps, H.*: Rechnungslegung nach BilMoG, Wiesbaden 2010, S. 292 f.

	Wertansatz (€)		
	Handelsrechtlich	Steuerlich	Differenz
Aktivische Steuerlatenzen			
Pensionsrückstellungen	-100	-80	-20
(wegen Abzinsung und Trendannahmen)			
Sonstige Rückstellungen	-100	-80	-20
(wegen Abzinsung und notwendigem Erfüllungsbetrag)			
...			
Sonstige (Sammelposten für unwesentliche Differenzen)	20	10	10
Summe	-180	-150	-30
Passivische Steuerlatenzen			
Selbst erstellte immaterielle Anlagevermögensgegenstände	20	0	20
....			
Sonstige (Sammelposten für unwesentliche Differenzen)	5	0	5
Summe	25	0	25
Aktivüberhang (bei negativem Vorzeichen/Passivüberhang)			5
Steuersatz (kombiniert)			30 %

In Bezug auf die Angabe der Wertansatzdifferenzen werden indes auch rein qualitative Angaben als mit den Anforderungen des § 285 Nr. 29 HGB vereinbar angesehen.[163] Hierbei sind indes die Anforderungen des Art. 43 Abs. 1 Nr. 11 der Bilanzrichtlinie zu berücksichtigen.

---

[163] Vgl. IDW ERS HFA 27, Anm. 36, in: IDW Fachnachrichten 2009, S. 343.

Praxisbeispiele für Angaben nach § 285 Nr. 29 HGB:

Angaben bei Beschreibung der Bilanzierungs- und Bewertungsmethoden

„Gemäß § 274 HGB wird eine saldierte Abgrenzung für die voraussichtlichen zukünftigen Steuerbelastungen und Steuerentlastungen aufgrund handelsrechtlicher und steuerrechtlicher Bilanzierungs- und Bewertungsunterschiede gebildet."[164]

Angaben bei den Erläuterungen zur Bilanz unter „Latente Steuern"

„Bei den latenten Steuern gibt es ausschließlich Differenzen aus bilanziellen Abweichungen. Gemäß § 274 HGB werden Steuerabgrenzungen in Höhe von 20,4 Mio. € gebildet, wobei die voraussichtlichen Steuerentlastungen 22,2 Mio. € und die voraussichtlichen Steuerbelastungen 1,8 Mio. €. betragen. Bei der Berechnung der latenten Steuern wurde ein Gesamtsteuersatz von 31,0 % zugrunde gelegt."[165]

Angaben bei den Sonstigen Erläuterungen unter „Latente Steuern"

„Zum 31.12.2009 errechneten sich künftige Steuerentlastungen saldiert aus abweichenden Wertansätzen in der Steuerbilanz im Wesentlichen bei den Grundstücken und grundstücksgleichen Rechten und Bauten, den Rückstellungen für erfolgsunabhängige Beitragsrückerstattung, der Rückstellung für Pensionen und ähnliche Verpflichtungen und den sonstigen Rückstellungen in Höhe von 9,3 Mio. €. Der Berechnung liegt ein Steuersatz von 30,92 % zugrunde.

Aufgrund des ausgeübten Wahlrechtes, auf den Ansatz aktiver latenter Steuern zu verzichten, wurde weder zum 1.1.2009 noch zum 31.12.2009 ein Bilanzposten angesetzt."[166]

---

[164] *Dortmunder Energie- und Wasserversorgung GmbH, Dortmund* (Hrsg.): Geschäftsbericht 2009, S. 51.

[165] *Dortmunder Energie- und Wasserversorgung GmbH, Dortmund* (Hrsg.): Geschäftsbericht 2009, S. 56.

[166] *HALLESCHE Krankenversicherungsgesellschaft auf Gegenseitigkeit, Stuttgart* (Hrsg.): Geschäftsbericht 2009, S. 70.

3.3 Ergänzende neue Anhangangaben für große GmbH

Angaben im Rahmen der „Angaben zur Bilanz"[167]

„Die latenten Steuern ergeben sich unter Anwendung eines Steuersatzes von 31,6 % aus folgenden Positionen:

In T€	31.12.2009	1.1.2009
Pensionsrückstellungen	20	0
Übrige Aktiva und Passiva	12	12
Steuerlich nutzbare Verlustvorträge	20	89
Summe	52	101

Angaben bei den „Erläuterungen zur Bilanz und zur Gewinn- und Verlustrechnung" unter „Latente Steuern"

„Die Bank hat aktive latente Steuern auf Verlustvorträge und Unterschiedsbeträge zwischen der Steuer- und Handelsbilanz gebildet. Für die Körperschaftssteuer wurde ein Steuersatz von 15 % und für den Solidaritätszuschlag von 5,5 % auf die Körperschaftssteuer berücksichtigt. Bei der Gewerbesteuer wurden ein Gewerbesteuermessbetrag von 3,5 % und ein Hebesatz von 460 % für die Stadt Frankfurt am Main verwendet. Die Unterschiedsbeträge zwischen Steuer- und Handelsbilanz basieren auf steuerlich abweichenden Risikovorsorgen, Bewertungen und Abzinsungssätzen. Passive latente Steuern bestanden zum Bilanzstichtag nicht."[168]

Angaben bei Beschreibung der Bilanzierungs- und Bewertungsmethoden

„Die Berechnung der Latenten Steuern beruht auf den temporären Unterschieden zwischen den Bilanzposten aus handelsrechtlicher und steuerrechtlicher Betrachtungsweise gemäß § 274 HGB. Das Wahlrecht, nur den passivischen Überhang latenter Steuern auf temporäre Differenzen zwischen handels- und steuerrechtlichem Ansatz zu bilanzieren, wird grundsätzlich in Anspruch genommen. Der zur Berechnung der latenten Steuern verwendete Ertragsteuersatz liegt bei 31,5 %."[169]

---

[167] *SMT Scharf AG, Hamm* (Hrsg.): Jahresfinanzbericht 2009, S. 13.

[168] *VTB Bank (Deutschland) AG, Frankfurt am Main* (Hrsg.): Geschäftsbericht 2009, S. 42

[169] *hotel.de AG, Nürnberg und Hamm* (Hrsg.): Geschäftsbericht 2009 der hotel.de AG, S. 58.

Angaben bei den Erläuterungen zur Bilanz

Die **Passiven Latenten Steuern** berechnen sich wie folgt:

Bezeichnung (Tsd. Euro)	Wertansatz Handelsbilanz	Wertansatz Steuerbilanz	Temporäre Differenzen aktivisch	Temporäre Differenzen passivisch
Firmenwert	131	168	37	0
Forderungen in Fremdwährung	5.133	5.120	0	−13
Verbindlichkeiten in Fremdwährung	−2.568	−2.616	0	−48
Sonstige Rückstellungen	−187	−201	0	−14
	2.509	2.471	37	−75
Steuersatz 31,5 %			12	−24
Passive latente Steuern				−12

ABB. 20: Angaben zu latenten Steuern im Anhang, Praxisbeispiel
(Quelle: hotel.de AG, Nürnberg und Hamm (Hrsg.): Geschäftsbericht 2009 der hotel.de AG, S. 60)

Angaben im Rahmen der Erläuterungen zur Bilanz sowie zur Gewinn- und Verlustrechnung

„9. Aktive latente Steuern

Durch die Anwendung des BilMoG wurden im Geschäftsjahr 2009 erstmalig aktive latente Steuern in Höhe von 2.348 T€ ausgewiesen. Dabei wurden zum 1.1.2009 die aktiven latenten Steuern in Höhe von 2.399 T€ erfolgsneutral in die Gewinnrücklagen eingestellt. Bis zum 31.12.2009 reduzierten sich die aktiven latenten Steuern um 51 T€. Die Reduzierung wurde als Steueraufwand unter den Steuern vom Einkommen und vom Ertrag erfasst.

Für die Berechnung der latenten Steuern wurde ein Steuersatz von 32,3 % zugrunde gelegt.

Die aktiven latenten Steuern resultieren im Wesentlichen aus der unterschiedlichen Bewertung der Abschreibungsdauer von Mietereinbauten sowie der zukünftigen Inanspruchnahme von Verlustvorträgen. Die bestehenden Verlustvorträge sind weder vertraglich noch zeitlich limitiert, jedoch in ihrer zeitlichen Abfolge der Realisierung durch

3.3 Ergänzende neue Anhangangaben für große GmbH

die Mindestbesteuerung beeinflusst. Es wurden bei der vorgenannten Schätzung steuerliche Verlustvorträge von 54 Mio. € nicht berücksichtigt."[170]

22. STEUERLICHE ÜBERLEITUNGSRECHNUNG

Die latenten Steuern werden im laufenden Geschäftsjahr mit 32,3% bewertet. Dieser Steuersatz liegt darüber hinaus der Berechnung des zu erwartenden Steueraufwands zu Grunde.

in kEUR	2009	2008
Ergebnis vor Ertragsteuern	2.535	-6.627
Erwarteter Ertragsteueraufwand / -ertrag	-819	–
Steuereffekte aus sonstigen Steuerbilanzabweichungen	24	–
Periodenfremde Steueraufwendungen	16	-43
Ertragsteueraufwand / -ertrag aus Betriebsprüfung	111	-134
Steuereffekt aus steuerfreien Vermögensmehrungen	393	–
Steuereffekt aus nicht abzugsfähigen Aufwendungen	156	–
Inanspruchnahme steuerlicher Verlustvorträge	-74	–
Übrige	9	-2
Ausgewiesener Ertragsteueraufwand	-184	-179

ABB. 21: Angaben zu latenten Steuern im Anhang-Praxisbeispiel zur steuerlichen Überleitungsrechnung
(Quelle: *INFO Gesellschaft für Informationssysteme AG, Hamburg* (Hrsg.): Jahresabschluss 2009, S. 18)

---

[170] *INFO Gesellschaft für Informationssysteme AG, Hamburg* (Hrsg.): Jahresabschluss 2009, S. 12.

4. Checklisten für die Erstellung des Anhangs nach BilMoG

4.1 Checkliste für den Anhang der kleinen GmbH

Anwendungshinweise:

Die folgende Anhangcheckliste für den Jahresabschluss der kleinen GmbH berücksichtigt alle branchenunabhängigen Angabepflichten gemäß HGB, EGHGB und GmbHG.[171] Sie basieren – unter Berücksichtigung der sich aus §§ 274a Nr. 1-4, 276 Satz 2 und 288 Abs. 1 HGB ergebenden Erleichterungen – auf folgenden Vorschriften (Nennung in der im jeweiligen Gesetz stehenden Reihenfolge):[172]

- § 264 Abs. 2 Satz 2 HGB,
- § 265 Abs. 1 Satz 2, Abs. 2 Satz 2 und 3, Abs. 3 Satz 1, Abs. 4 Satz 2, Abs. 7 Nr. 2 HGB,
- § 268 Abs. 1 Satz 2, Abs. 2 Satz 3, Abs. 7 1. Halbsatz HGB,
- **§ 277 Abs. 3 Satz 1 HGB,**
- § 284 Abs. 2 Nr. 1, Nr. 2, Nr. 3, Nr. 5 HGB,
- § 285 Nr. 1a), Nr. 1b), Nr. 8b), Nr. 9c), Nr. 10, Nr. 11, Nr. 11a, **Nr. 13**, Nr. 14, **Nr. 18a), Nr. 18 b), Nr. 20a), Nr. 20b), Nr. 23a), Nr. 23b), Nr. 23c), Nr. 24, Nr. 25, Nr. 26, Nr. 27, Nr. 28** HGB,
- § 291 Abs. 2 Nr. 3a), Nr. 3b), Nr. 3c) HGB,

---

[171] Zu branchenspezifischen Änderungen der Anhangangabepflichten aufgrund des BilMoG vgl. *Philipps, H.:* Rechnungslegung nach BilMoG, Wiesbaden 2010, S. 327-368.

[172] Zu beachten ist, dass die Inanspruchnahme der kleinen GmbH bei Aufstellung des Anhangs eingeräumten Erleichterungen im Gesellschaftsvertrag abbedungen sein kann und kleine GmbH, die i. S. d. § 264 d kapitalmarktorientiert sind, die Angabepflichten für große GmbH anwenden müssen.

- §§ 273 Satz 2, 281 Abs. 2 Satz 2 HGB a. F. (übergangsweise weiter anzuwenden, sofern die Beibehaltung bisher passivierter Sonderposten mit Rücklageanteil ausgeübt wird),
- Art. 28 Abs. 2 Satz 1 und 2, **67 Abs. 1 Satz 4, Abs. 2, Abs. 8 EGHGB,**
- §§ 29 Abs. 4 Satz 2, 42 Abs. 3 GmbHG.

Die durch das Bilanzrechtsmodernisierungsgesetz geänderten oder neuen Vorschriften sind in vorstehender Aufzählung durch Fettmarkierung, ihre Angabeerfordernisse in der Checkliste durch graue Schattierung hervorgehoben. Diese Angabepflichten sind in ihrer Gesamtheit erstmals in Jahresabschlüssen für Geschäftsjahre anzuwenden, die nach dem 31. 12. 2009 beginnen.

Neben branchenbezogenen Angabepflichten, vor allem aus der RechKredV für Kreditinstitute oder aus der RechVersV für Versicherungsunternehmen, wurden in der Checkliste auch solche nicht berücksichtigt, die durch Zeitablauf inhaltsleer geworden sind. Das sind Angabepflichten im Zusammenhang mit der Euro-Umstellung sowie mit der Anwendung des Altfahrzeug-Gesetzes (siehe Art. 42 Abs. 1 Satz 2, Abs. 3 Satz 3, 44 Abs. 1 Satz 4 und 53 Abs. 2 EGHGB).

Zur Systematisierung der Vielzahl der oben angeführten Angabepflichten, ist die Checkliste wie folgt gegliedert:

I. Allgemeine Angaben

II. Angaben zu Bilanzierungs- und Bewertungsmethoden

III. Weitere Angaben zur Bilanz

    1. Aufgrund des BilMoG nur noch übergangsweise bilanzierbare Posten

    2. Mehrere Posten betreffend

    3. Aktiva

    4. Eigenkapital

    5. Rückstellungen

    6. Verbindlichkeiten

IV. Weitere Angaben zur Gewinn- und Verlustrechnung
V. Sonstige Angaben
1. Organmitgliedschaften und bestimmte Geschäftsvorfälle mit Organmitgliedern
2. Konzernbeziehungen
3. Haftungsverhältnisse

Einzelne Angaben können unter mehrere Punkte dieser Gliederung fallen. Sie wurden dann einheitlich stets nur unter einen Gliederungspunkt aufgenommen. Auf entsprechende Verweise bei anderen Gliederungspunkten wurde verzichtet.

Für die gemäß HGB verlangten Anhangangabepflichten gelten die Schutzklauseln des § 286 HGB wie folgt:

(1) Die **Berichterstattung** hat insoweit zu unterbleiben, als es für das Wohl der Bundesrepublik Deutschland oder eines ihrer Länder erforderlich ist.

...

(3) Die Angaben nach **§ 285 Satz 1 Nr. 11 und 11a** können unterbleiben, soweit sie

1. für die Darstellung der Vermögens-, Finanz- und Ertragslage der Kapitalgesellschaft nach § 264 Abs. 2 von untergeordneter Bedeutung sind oder
2. nach vernünftiger kaufmännischer Beurteilung geeignet sind, der Kapitalgesellschaft oder dem anderen Unternehmen einen erheblichen Nachteil zuzufügen.
Die Angabe des **Eigenkapitals** und des **Jahresergebnisses** kann unterbleiben, wenn das Unternehmen, über das zu berichten ist, seinen Jahresabschluss nicht offenzulegen hat und die berichtende Kapitalgesellschaft weniger als die Hälfte der Anteile besitzt. Satz 1 Nr. 2 ist nicht anzuwenden, wenn die Kapitalgesellschaft oder eines ihrer Tochterunternehmen (§ 290 Abs. 1 und 2) am Abschlussstichtag kapitalmarktorientiert i. S. d. § 264d ist. Im Übrigen ist die Anwendung der Ausnahmeregelung nach Satz 1 Nr. 2 im Anhang anzugeben.

...

4. Checklisten für die Erstellung des Anhangs nach BilMoG

Lfd. Nr.	Anhangangabe	Vorschrift	alternative Angabe in Bilanz/GuV, Lagebericht	Bemerkungen/ Hinweise (Sachverhalt nicht einschlägig, erledigt, noch offen, Anwendung Schutzklausel u. a.)
I. Allgemeine Angaben				
1.	Abweichungen von der Form der Darstellung, insbesondere der Gliederung der Bilanz, soweit in Ausnahmefällen wegen besonderer Umstände erforderlich ▸ Angabe und ▸ Begründung Abweichungen von der Form der Darstellung, insbesondere der Gliederung der Gewinn- und Verlustrechnung (GuV), soweit in Ausnahmefällen wegen besonderer Umstände erforderlich ▸ Angabe und ▸ Begründung	§ 265 Abs. 1 Satz 2 HGB	---	Die Angaben nach § 265 Abs. 1 Satz 2 HGB finden bei erstmaliger Anwendung der durch das Bilanzrechtsmodernisierungsgesetz (BilMoG) geänderten Vorschriften keine Anwendung (Art. 67 Abs. 8 HGB)
2.	Sind Beträge des vorhergehenden Geschäftsjahres in der Bilanz nicht vergleichbar ▸ Angabe und ▸ Erläuterung Sind Beträge des vorhergehenden Geschäftsjahres in der GuV nicht vergleichbar ▸ Angabe und ▸ Erläuterung	§ 265 Abs. 2 Satz 2 HGB	---	
3.	Anpassung von Vorjahresbeträgen in der Bilanz ▸ Angabe und ▸ Erläuterung Anpassung von Vorjahresbeträgen in der GuV ▸ Angabe und ▸ Erläuterung	§ 265 Abs. 2 Satz 3 HGB	---	
4.	Werden bei erstmaliger Anwendung der durch das BilMoG geänderten Vorschriften die Vorjahresbeträge nicht angepasst ▸ Hinweis	Art. 67 Abs. 8 EGHGB		
5.	Ergänzung der Gliederung des Jahresabschlusses bei mehreren vorhandenen Geschäftszweigen, die eine Ergänzung der Gliederung des Jahresabschlusses nach verschiedenen Gliederungsvorschriften bedingen ▸ Angabe und ▸ Begründung	§ 265 Abs. 4 Satz 2 HGB	---	

4.1 Checkliste für den Anhang der kleinen GmbH

Lfd. Nr.	Anhangangabe	Vorschrift	alternative Angabe in Bilanz/GuV, Lagebericht	Bemerkungen/ Hinweise (Sachverhalt nicht einschlägig, erledigt, noch offen, Anwendung Schutzklausel u. a.)
6.	Zulässiger zusammengefasster Ausweis der mit arabischen Zahlen versehenen Posten der Bilanz ▶ gesonderter Ausweis der zusammengefassten Posten Zulässiger zusammengefasster Ausweis der mit arabischen Zahlen versehenen Posten der GuV ▶ gesonderter Ausweis der zusammengefassten Posten	§ 265 Abs. 7 Nr. 2 HGB	---	
7.	Sofern besondere Umstände dazu führen, dass der Jahresabschluss kein den tatsächlichen Verhältnissen entsprechendes Bild gemäß § 264 Abs. 2 Satz 1 HGB vermittelt ▶ zusätzliche Angaben	§ 264 Abs. 2 Satz 2 HGB	---	
8.	Sofern die durch das BilMoG geänderten Vorschriften insgesamt freiwillig vorzeitig angewendet werden ▶ Angabe	Art. 66 Abs. 3 Satz 6 EGHGB	---	
II. Angaben zu Bilanzierungs- und Bewertungsmethoden				
9.	Auf die Posten der Bilanz angewendete Bilanzierungs- und Bewertungsmethoden ▶ Angabe Auf die Posten der GuV angewendete Bilanzierungs- und Bewertungsmethoden ▶ Angabe	§ 284 Abs. 2 Nr. 1 HGB	---	BilMoG: Neuformulierung der Angabe zur Anpassung an veränderte Bilanzierungs- und Bewertungsmethoden
10.	Abweichungen von im Vorjahr bei Posten der Bilanz angewendeten Bilanzierungs- und Bewertungsmethoden ▶ Angabe und ▶ Begründung Abweichungen von im Vorjahr bei Posten der GuV angewendeten Bilanzierungs- und Bewertungsmethoden ▶ Angabe und ▶ Begründung	§ 284 Abs. 2 Nr. 3 1. Halbsatz HGB	---	Die Angaben nach § 284 Abs. 2 Nr. 3 HGB finden bei erstmaliger Anwendung der durch das BilMoG geänderten Vorschriften keine Anwendung (Art. 67 Abs. 8 HGB)

Lfd. Nr.	Anhangangabe	Vorschrift	alternative Angabe in Bilanz/GuV, Lagebericht	Bemerkungen/ Hinweise (Sachverhalt nicht einschlägig, erledigt, noch offen, Anwendung Schutzklausel u. a.)
11.	Einfluss der Abweichungen angewendeter Bilanzierungs- und Bewertungsmethoden bei Posten der Bilanz und/oder der GuV auf die Vermögens-, Finanz- und Ertragslage ▶ gesonderte Darstellung	§ 284 Abs. 2 Nr. 3 2. Halbsatz HGB	---	Die Angaben nach § 284 Abs. 2 Nr. 3 HGB finden bei erstmaliger Anwendung der durch das BilMoG geänderten Vorschriften keine Anwendung (Art. 67 Abs. 8 HGB)
12.	Grundlagen für die Währungsumrechnung in € (soweit der Jahresabschluss Posten enthält, denen Beträge zugrunde liegen, die auf fremde Währung lauten oder ursprünglich auf fremde Währung lauteten) ▶ Angabe	§ 284 Abs. 2 Nr. 2 HGB	---	

13.	Sofern gemäß § 254 HGB Bewertungseinheiten gebildet worden sind, Angabe
	▶ mit welchem Betrag jeweils
	  – Vermögensgegenstände,
	  – Schulden,
	  – Schwebende Geschäfte und
	  – mit hoher Wahrscheinlichkeit vorgesehene Transaktionen
	▶ zur Absicherung welcher Risiken
	▶ in welche Arten von Bewertungseinheiten einbezogen sind sowie
	▶ die Höhe der mit Bewertungseinheiten abgesicherten Risiken
		§ 285 Nr. 23a) HGB	Lagebericht (fakultativ)	

14.	Sofern gemäß § 254 HGB Bewertungseinheiten gebildet worden sind, Angabe
	▶ für die jeweils abgesicherten Risiken
	  – warum,
	  – in welchem Umfang und
	  – für welchen Zeitraum
	  sich die gegenläufigen Wertänderungen oder Zahlungsströme künftig voraussichtlich ausgleichen
	▶ Methoden der Effektivitätsmessung
		§ 285 Nr. 23b) HGB	Lagebericht (fakultativ)	

15.	Sofern gemäß § 254 HGB Bewertungseinheiten gebildet worden sind und darin mit hoher Wahrscheinlichkeit erwartete Transaktionen einbezogen wurden ▶ Erläuterung dieser Transaktionen	§ 285 Nr. 23c) HGB	Lagebericht (fakultativ)	

4.1 Checkliste für den Anhang der kleinen GmbH

Lfd. Nr.	Anhangangabe	Vorschrift	alternative Angabe in Bilanz/GuV, Lagebericht	Bemerkungen/ Hinweise (Sachverhalt nicht einschlägig, erledigt, noch offen, Anwendung Schutzklausel u. a.)
16.	Einbeziehung von Zinsen für Fremdkapital in die Herstellungskosten von Vermögensgegenständen ▶ Angaben	§ 284 Abs. 2 Nr. 5 HGB	---	
III. Weitere Angaben zur Bilanz				
1. Aufgrund des BilMoG nur noch übergangsweise bilanzierbare Posten				
17.	Sofern Sonderposten mit Rücklageanteil passiviert und beibehalten werden ▶ Angabe der Vorschriften, nach denen der Posten gebildet worden ist ▶ Angabe der im Posten „sonstige betriebliche Erträge" erfassten Erträge aus der Auflösung des Sonderpostens mit Rücklageanteil	§§ 273 Satz 2, 281 Abs. 1 Nr. 2 HGB a. F. i. V. m. Art. 67 Abs. 3 Satz 1 EGHGB	Bilanz GuV	
2. Mehrere Posten betreffend				
18.	Mitzugehörigkeit von Vermögensgegenständen zu anderen Posten der Bilanz ▶ Angabe, wenn zur Klarheit und Übersichtlichkeit des Jahresabschlusses erforderlich Mitzugehörigkeit von Schulden zu anderen Posten der Bilanz ▶ Angabe, wenn zur Klarheit und Übersichtlichkeit des Jahresabschlusses erforderlich	§ 265 Abs. 3 Satz 1 HGB	Bilanz	
19.	Bei Verrechnung von Vermögensgegenständen und Schulden gemäß § 246 Abs. 2 Satz 2 HGB, Angabe ▶ Anschaffungskosten der verrechneten Vermögensgegenstände, ▶ Beizulegender Zeitwert der verrechneten Vermögensgegenstände, ▶ Grundlegende Annahmen, die der Bestimmung des beizulegenden Zeitwertes zugrunde gelegt wurden (sofern dieser mit Hilfe allgemein anerkannter Bewertungsmethoden ermittelt wurde), ▶ Erfüllungsbetrag der verrechneten Schulden, ▶ verrechnete Aufwendungen und ▶ verrechnete Erträge	§ 285 Nr. 25 HGB	---	
20.	Werden selbst geschaffene immaterielle Vermögensgegenstände, latente Steuern und/oder Vermögensgegenstände zum beizulegenden Zeitwert aktiviert, Angabe ▶ Gesamtbetrag der i. S. d. § 268 Abs. 8 HGB ausschüttungsgesperrten Beträge	§ 285 Nr. 28 HGB	---	

Lfd. Nr.	Anhangangabe	Vorschrift	alternative Angabe in Bilanz/GuV, Lagebericht	Bemerkungen/ Hinweise (Sachverhalt nicht einschlägig, erledigt, noch offen, Anwendung Schutzklausel u. a.)
	▶ Aufgliederung des Gesamtbetrags in ausschüttungsgesperrte Beträge aus der Aktivierung – selbst geschaffener immaterieller Vermögensgegenstände des Anlagevermögens – latenter Steuern – von Vermögensgegenständen zum beizulegenden Zeitwert			
3. Aktiva				
21.	Bei Aktivierung eines entgeltlich erworbenen Geschäfts- oder Firmenwertes (§ 246 Abs. 1 Satz 4 HGB) unter Annahme einer betrieblichen Nutzungsdauer von mehr als fünf Jahren ▶ Angabe rechtfertigender Gründe für die Länge der Nutzungsdauer	§ 285 Nr. 13 HGB	---	
22.	Ausleihungen gegenüber Gesellschaftern ▶ Angabe Bilanzausweis von „Ausleihungen gegenüber Gesellschaftern" unter anderen als diesem Posten ▶ Vermerk	§ 42 Abs. 3 GmbHG	Bilanz	
23.	Bei Anteilsbesitz von mindestens 20 % an einem anderen Unternehmen (Anteilseigner: Die GmbH oder eine für Rechnung der GmbH handelnde Person), Angabe: ▶ Name des im Anteilsbesitz stehenden Unternehmens ▶ Sitz des im Anteilsbesitz stehenden Unternehmens ▶ Höhe des Anteils am Kapital des im Anteilsbesitz stehenden Unternehmens (Ermittlung des Anteils in entsprechender Anwendung des § 16 Abs. 2 und 4 AktG) ▶ Eigenkapital des im Anteilsbesitz stehenden Unternehmens ▶ Jahresergebnis des im Anteilsbesitz stehenden Unternehmens für das letzte Geschäftsjahr, für das ein Jahresabschluss vorliegt	§ 285 Nr. 11 HGB	---	Schutzklausel nach § 286 Abs. 3 HGB beachten (siehe Anwendungshinweise zur Checkliste)
24.	Ist die GmbH bei anderen Unternehmen unbeschränkt haftender Gesellschafter, Angabe ▶ Name dieser Unternehmen ▶ Sitz dieser Unternehmen ▶ Rechtsform dieser Unternehmen	§ 285 Nr. 11a) HGB	---	Schutzklausel nach § 286 Abs. 3 HGB beachten (siehe Anwendungshinweise zur Checkliste)

4.1 Checkliste für den Anhang der kleinen GmbH

Lfd. Nr.	Anhangangabe	Vorschrift	alternative Angabe in Bilanz/GuV, Lagebericht	Bemerkungen/ Hinweise (Sachverhalt nicht einschlägig, erledigt, noch offen, Anwendung Schutzklausel u. a.)
25.	Sofern unter den Finanzanlagen (§ 266 Abs. 2 A. III HGB) Finanzinstrumente erfasst sind, die über ihrem beizulegenden Zeitwert ausgewiesen werden, da eine außerplanmäßige Abschreibung nach § 253 Abs. 3 Satz 4 HGB unterblieben ist, Angabe ▶ Buchwert der einzelnen Vermögensgegenstände (Nr. 18a) und ▶ beizulegender Zeitwert der einzelnen Vermögensgegenstände (Nr. 18a) oder ▶ Buchwert angemessener Gruppierungen (Nr. 18a) und ▶ beizulegender Zeitwert angemessener Gruppierungen (Nr. 18a) sowie ▶ Gründe für die Unterlassung der Abschreibung (Nr. 18b) einschließlich der ▶ Anhaltspunkte, die darauf hindeuten, dass die Wertminderung voraussichtlich nicht von Dauer ist (Nr. 18b)	§ 285 Nr. 18a) und b) HGB	---	
26.	Werden Anteile oder Anlageaktien an inländischen Investmentvermögen i. S. d. § 1 InvG oder an vergleichbaren ausländischen Investmentanteilen i. S. d. § 2 Abs. 9 InvG jeweils von mehr als 10 % bilanziert, Angabe, jeweils aufgegliedert nach Anlagezielen ▶ Wert der inländischen Anteile oder Anlageaktien i. S. d. § 36 InvG ▶ Wert der ausländischen Anteile oder Anlageaktien i. S. d. § 36 InvG vergleichbarer ausländischer Vorschriften ▶ Differenz der Werte jeweils zum Buchwert der Anteile oder Anlageaktien ▶ für das Geschäftsjahr erfolgte Ausschüttung aus Anteilen oder Anlageaktien ▶ Beschränkungen in der Möglichkeit der täglichen Rückgabe der Anteile oder Anlageaktien ▶ Gründe dafür, dass eine Abschreibung nach § 253 Abs. 3 Satz 4 HGB unterblieben ist ▶ Anhaltspunkte, die darauf hindeuten, dass die Wertminderung der Anteile oder Anlageaktien voraussichtlich nicht von Dauer ist	§ 285 Nr. 26 HGB	---	
27.	Für gemäß § 340e Abs. 3 Satz 1 HGB mit dem beizulegenden Zeitwert bewertete Finanzinstrumente, Angaben ▶ grundlegende Annahmen zur Bestimmung des beizulegenden Zeitwerts bei Anwendung allgemein anerkannter Bewertungsmethoden (Nr. 20a)	§ 285 Nr. 20a) und b) HGB	---	

Lfd. Nr.	Anhangangabe	Vorschrift	alternative Angabe in Bilanz/GuV, Lagebericht	Bemerkungen/ Hinweise (Sachverhalt nicht einschlägig, erledigt, noch offen, Anwendung Schutzklausel u. a.)
	▶ Umfang jeder Kategorie derivativer Finanzinstrumente (Nr. 20b) ▶ Art jeder Kategorie derivativer Finanzinstrumente (Nr. 20b) ▶ Wesentliche Bedingungen für jede Kategorie derivativer Finanzinstrumente, die – die Höhe künftiger Zahlungsströme beeinflussen können (Nr. 20b) – den Zeitpunkt künftiger Zahlungsströme beeinflussen können (Nr. 20b) – die Sicherheit künftiger Zahlungsströme beeinflussen können (Nr. 20b)			
28.	Forderungen gegenüber Gesellschaftern ▶ Angabe Bilanzausweis von „Forderungen gegenüber Gesellschaftern" unter anderen als diesem Posten ▶ Vermerk	§ 42 Abs. 3 GmbHG	Bilanz	
4. Eigenkapital				
29.	Betrag des in andere Gewinnrücklagen eingestellten Eigenkapitalanteils von Wertaufholungen bei Vermögensgegenständen des Anlage- und Umlaufvermögens und von bei der steuerrechtlichen Gewinnermittlung gebildeten Passivposten, die nicht im Sonderposten mit Rücklageanteil ausgewiesen werden dürfen ▶ Angabe	§ 29 Abs. 4 Nr. 2 GmbHG	Bilanz	
30.	Vorhandener Gewinn- oder Verlustvortrag bei Aufstellung der Bilanz unter Berücksichtigung der teilweisen Verwendung des Jahresergebnisses ▶ Angabe	§ 268 Abs. 1 Satz 2 2. Halbsatz HGB	Bilanz	
5. Rückstellungen				
31.	Nicht ausgewiesene Rückstellungen für laufende Pensionen oder Anwartschaften auf Pensionen aufgrund unmittelbarer Zusage bei Erwerb des Rechtsanspruchs vor dem 1.1.1987 („Altzusagen"), Angabe jeweils in einem Betrag ▶ nicht ausgewiesene Rückstellungen für laufende Pensionen ▶ nicht ausgewiesene Rückstellungen für Anwartschaften auf Pensionen	Art. 28 Abs. 2 Nr. 1 EGHGB	---	

4.1 Checkliste für den Anhang der kleinen GmbH

Lfd. Nr.	Anhangangabe	Vorschrift	alternative Angabe in Bilanz/GuV, Lagebericht	Bemerkungen/ Hinweise (Sachverhalt nicht einschlägig, erledigt, noch offen, Anwendung Schutzklausel u. a.)
32.	Nicht ausgewiesene Rückstellungen für laufende Pensionen oder Anwartschaften auf Pensionen aufgrund mittelbarer Zusage sowie für ähnliche unmittelbare oder mittelbare Verpflichtungen, Angabe jeweils in einem Betrag ▶ nicht ausgewiesene Rückstellungen für laufende Pensionen ▶ nicht ausgewiesene Rückstellungen für Anwartschaften auf Pensionen ▶ nicht ausgewiesene Rückstellungen für ähnliche Verpflichtungen	Art. 28 Abs. 2 Nr. 2 EGHGB	---	
33.	Unterdeckung bei durch das BilMoG geänderte bewerteten Rückstellungen für laufende Pensionen oder Anwartschaften auf Pensionen, Angabe jeweils in einem Betrag ▶ nicht ausgewiesene Rückstellungen für laufende Pensionen und ▶ nicht ausgewiesene Rückstellungen für Anwartschaften auf Pensionen	Art. 67 Abs. 2 EGHGB	---	
34.	Rückstellungen für Pensionen und ähnliche Verpflichtungen, Angabe ▶ angewandtes versicherungsmathematisches Berechnungsverfahren ▶ grundlegende Annahmen der Berechnung wie – Zinssatz, – erwartete Lohn- und Gehaltssteigerung, – zugrunde gelegte Sterbetafeln	§ 285 Nr. 24 HGB	---	
35.	Beibehaltung von Rückstellungen, die nach der durch das BilMoG geänderten Bewertung aufzulösen wären ▶ Angabe jeweils des Betrags der Überdotierung	Art. 67 Abs. 1 Nr. 4 EGHGB	---	
6. Verbindlichkeiten				
36.	Verbindlichkeiten gegenüber Gesellschaftern ▶ Angabe Bilanzausweis von „Verbindlichkeiten gegenüber Gesellschaftern" unter anderen als diesem Posten ▶ Vermerk	§ 42 Abs. 3 GmbHG	Bilanz	
37.	Gesamtbetrag der Verbindlichkeiten mit einer Restlaufzeit von mehr als fünf Jahren ▶ Angabe	§ 285 Nr. 1a) HGB	---	BilMoG: Streichung der hierbei bisher alternativ zulässigen Angabe in der Bilanz

Lfd. Nr.	Anhangangabe	Vorschrift	alternative Angabe in Bilanz/GuV, Lagebericht	Bemerkungen/ Hinweise (Sachverhalt nicht einschlägig, erledigt, noch offen, Anwendung Schutzklausel u. a.)
38.	Sind Verbindlichkeiten durch Pfandrechte oder ähnliche Rechte gesichert, Angabe ▸ Gesamtbetrag der gesicherten Verbindlichkeiten ▸ Art der Sicherheiten ▸ Form der Sicherheiten	§ 285 Nr. 1b) HGB	---	BilMoG: Streichung der hierbei bisher alternativ zulässigen Angabe in der Bilanz
IV. Weitere Angaben zur Gewinn- und Verlustrechnung			
39.	Bei Anwendung des Umsatzkostenverfahrens (§ 275 Abs. 3 HGB): Personalaufwand des Geschäftsjahres ▸ Angabe, gegliedert nach § 275 Abs. 2 Nr. 6 HGB	§ 285 Nr. 8b) HGB	---	
V. Sonstige Angaben			
1. Organmitgliedschaften und bestimmte Geschäftsvorfälle mit Organmitgliedern			
40.	Für alle Mitglieder des Geschäftsführungsorgans, auch wenn sie im Geschäftsjahr oder später ausgeschieden sind, Angabe ▸ Familienname, ▸ mindestens ein ausgeschriebener Vorname, ▸ ausgeübter Beruf und ▸ vorsitzendes Mitglied des Geschäftsführungsorgans (mit gesonderter Bezeichnung)	§ 285 Nr. 10 HGB	---	
41.	Für alle Mitglieder eines fakultativ gebildeten Aufsichtsrates, auch wenn sie im Geschäftsjahr oder später ausgeschieden sind, Angabe ▸ Familienname, ▸ mindestens ein ausgeschriebener Vorname, ▸ ausgeübter Beruf, ▸ vorsitzendes Mitglied des Aufsichtsrates (mit gesonderter Bezeichnung) und ▸ stellvertretend vorsitzendes Mitglied des Aufsichtsrates (mit gesonderter Bezeichnung)	§ 285 Nr. 10 HGB	---	
42.	Wurden Organmitgliedern Vorschüsse und/oder Kredite gewährt, Angabe ▸ Betrag der gewährten Vorschüsse ▸ Betrag der gewährten Kredite, ▸ Zinssätze, ▸ wesentliche Bedingungen für die Gewährung, ▸ im Geschäftsjahr zurückgezahlte Beträge (sofern einschlägig) ▸ zugunsten der Organmitglieder eingegangene Haftungsverhältnisse	§ 285 Nr. 9c) HGB	---	

4.1 Checkliste für den Anhang der kleinen GmbH

Lfd. Nr.	Anhangangabe	Vorschrift	alternative Angabe in Bilanz/GuV, Lagebericht	Bemerkungen/ Hinweise (Sachverhalt nicht einschlägig, erledigt, noch offen, Anwendung Schutzklausel u. a.)
2. Konzernbeziehungen				
43.	Mutterunternehmen der GmbH, das den Konzernabschluss für den größten Kreis von Unternehmen aufstellt, Angabe ▶ Name des Mutterunternehmens ▶ Sitz des Mutterunternehmens ▶ Ort der Hinterlegung des offengelegten Konzernabschlusses (sofern einschlägig) Mutterunternehmen der GmbH, das den Konzernabschluss für den kleinsten Kreis von Unternehmen aufstellt, Angabe ▶ Name des Mutterunternehmens ▶ Sitz des Mutterunternehmens ▶ Ort der Hinterlegung des offengelegten Konzernabschlusses (sofern einschlägig)	§ 285 Nr. 14 HGB	---	
44.	Soll die GmbH gemäß § 291 HGB durch die Konzernrechnungslegung des Mutterunternehmens von der Aufstellung eines Konzernabschlusses und ggf. eines Konzernlageberichts befreit werden, Angabe ▶ Name des Mutterunternehmens, das für den Konzern befreiend Rechnung legt, ▶ Sitz des Mutterunternehmens, das für den Konzern befreiend Rechnung legt, ▶ Hinweis auf die Befreiung von der eigenen Konzernrechnungslegung ▶ Erläuterung der im befreienden Konzernabschluss des Mutterunternehmens vom deutschen Recht abweichend angewandten Bilanzierungs-, Bewertungs- und Konsolidierungsmethoden (sofern einschlägig)	§ 291 Abs. 2 Nr. 3a)-c) HGB	---	
3. Haftungsverhältnisse				
45.	Haftungsverhältnisse i. S. d. § 251 HGB, jeweils Angabe mit gesonderter Angabe dafür gestellter Sicherheiten und der gegenüber verbundenen Unternehmen bestehenden Verpflichtungen ▶ Verbindlichkeiten aus der Begebung und Übertragung von Wechseln mit dafür gewährten Pfandrechten und sonstigen Sicherheiten davon gegenüber verbundenen Unternehmen ▶ Verbindlichkeiten aus Bürgschaften, Wechsel- und Scheckbürgschaften mit dafür gewährten Pfandrechten und sonstigen Sicherheiten davon gegenüber verbundenen Unternehmen	§ 268 Abs. 7 1. Halbsatz HGB	unter der Bilanz	

Lfd. Nr.	Anhangangabe	Vorschrift	alternative Angabe in Bilanz/GuV, Lagebericht	Bemerkungen/ Hinweise (Sachverhalt nicht einschlägig, erledigt, noch offen, Anwendung Schutzklausel u. a.)
	► Verbindlichkeiten aus Gewährleistungsverträgen mit dafür gewährten Pfandrechten und sonstigen Sicherheiten davon gegenüber verbundenen Unternehmen ► Haftungsverhältnisse aus der Bestellung von Sicherheiten für fremde Verbindlichkeiten mit dafür gewährten Pfandrechten und sonstigen Sicherheiten davon gegenüber verbundenen Unternehmen			
46.	Für unter der Bilanz oder im Anhang ausgewiesene Verbindlichkeiten und Haftungsverhältnisse nach § 251 HGB, jeweils Angabe ► Gründe für die Einschätzung des Risikos der Inanspruchnahme aus den Verbindlichkeiten aus der Begebung und Übertragung von Wechseln ► Gründe für die Einschätzung des Risikos der Inanspruchnahme aus den Verbindlichkeiten aus Bürgschaften, Wechsel- und Scheckbürgschaften ► Gründe für die Einschätzung des Risikos der Inanspruchnahme aus den Verbindlichkeiten aus Gewährleistungsverträgen ► Gründe für die Einschätzung des Risikos der Inanspruchnahme aus den Haftungsverhältnissen aus der Bestellung von Sicherheiten für fremde Verbindlichkeiten	§ 285 Nr. 27 HGB	---	

4.2 Checkliste für den Anhang der mittelgroßen GmbH

Anwendungshinweise:

Die folgende Anhangcheckliste für den Jahresabschluss der mittelgroßen GmbH berücksichtigt alle branchenunabhängigen Angabepflichten gemäß HGB, EGHGB und GmbHG.[173] Sie ergeben sich – unter Berücksichtigung der Erleichterungen gemäß §288 Abs. 2 HGB – aus folgenden Vorschriften (Nennung in der im jeweiligen Gesetz stehenden Reihenfolge)[174]:

- § 264 Abs. 2 Satz 2 HGB,

- § 265 Abs. 1 Satz 2, Abs. 2 Satz 2 und 3, Abs. 3 Satz 1, Abs. 4 Satz 2, Abs. 7 Nr. 2 HGB,

- § 268 Abs. 1 Satz 2, Abs. 2 Satz 1 und 3, Abs. 4 Satz 2, Abs. 5 Satz 3, Abs. 6, Abs. 7 1. Halbsatz HGB,

- § 277 Abs. 3 Satz 1, Abs. 4 Satz 2 und 3 HGB,

- § 284 Abs. 2 Nr. 1, Nr. 2, Nr. 3, Nr. 4, Nr. 5 HGB,

- § 285 Nr. 1a), Nr. 1b), Nr. 2, Nr. 3, Nr. 3a, Nr. 6, Nr. 7, Nr. 8a), Nr. 8b), Nr. 9a), Nr. 9b), Nr. 9c), Nr. 10, Nr. 11, Nr. 11a, Nr. 12, Nr. 13, Nr. 14, Nr. 18a), Nr. 18b), Nr. 19a), Nr. 19b), Nr. 19c), Nr. 19d), Nr. 20a), Nr. 20b), Nr. 22, Nr. 23a), Nr. 23b), Nr. 23c), Nr. 24, Nr. 25, Nr. 26, Nr. 27, Nr. 28 HGB,

- § 291 Abs. 2 Nr. 3a), Nr. 3b), Nr. 3c) HGB,

- §§ 269 Satz 1 1. Halbsatz, 273 Satz 2, 281 Abs. 2 Satz 2 HGB a. F. (übergangsweise weiter anzuwenden, sofern die Wahlrechte zur Fortführung bisher aktivierter Aufwendungen für die Ingangsetzung und Erweiterung des Geschäftsbetriebs

---

[173] Zu branchenspezifischen Änderungen der Anhangangabepflichten aufgrund des BilMoG vgl. *Philipps, H.*: Rechnungslegung nach BilMoG, Wiesbaden 2010, S. 327-368.

[174] Zu beachten ist, dass die Inanspruchnahme der mittelgroßen GmbH bei Aufstellung des Anhangs eingeräumten Erleichterungen im Gesellschaftsvertrag abbedungen sein kann und mittelgroße GmbH, die i. S. d. § 264d kapitalmarktorientiert sind, die Angabepflichten für große GmbH anwenden müssen.

und/oder Beibehaltung bisher passivierter Sonderposten mit Rücklageanteil ausgeübt werden),

▸ Art. 28 Abs. 2 Satz 1 und 2, 67 Abs. 1 Satz 4, Abs. 2, Abs. 8 EGHGB,

▸ §§ 29 Abs. 4 Satz 2, 42 Abs. 3 GmbHG.

Die durch das Bilanzrechtsmodernisierungsgesetz geänderten oder neuen Vorschriften sind in vorstehender Aufzählung durch Fettmarkierung, ihre Angabeerfordernisse in der Checkliste durch graue Schattierung hervorgehoben. Diese Angabepflichten sind in ihrer Gesamtheit erstmals in Jahresabschlüssen für Geschäftsjahre anzuwenden, die nach dem 31. 12. 2009 beginnen.

Neben branchenbezogenen Angabepflichten, vor allem aus der RechKredV für Kreditinstitute oder aus der RechVersV für Versicherungsunternehmen, wurden in der Checkliste auch solche nicht berücksichtigt, die durch Zeitablauf inhaltsleer geworden sind. Das sind Angabepflichten im Zusammenhang mit der Euro-Umstellung sowie mit der Anwendung des Altfahrzeug-Gesetzes (siehe Art. 42 Abs. 1 Satz 2, Abs. 3 Satz 3, 44 Abs. 1 Satz 4 und 53 Abs. 2 EGHGB).

Zur Systematisierung der Vielzahl der oben angeführten Angabepflichten, ist die Checkliste wie folgt gegliedert:

I. Allgemeine Angaben

II. Angaben zu Bilanzierungs- und Bewertungsmethoden

III. Weitere Angaben zur Bilanz

    1. Aufgrund des BilMoG nur noch übergangsweise bilanzierbare Posten

    2. Mehrere Posten betreffend

    3. Aktiva

    4. Eigenkapital

    5. Rückstellungen

    6. Verbindlichkeiten

IV. Weitere Angaben zur Gewinn- und Verlustrechnung
V. Sonstige Angaben
1. Arbeitnehmerzahl
2. Organmitgliedschaften und bestimmte Geschäftsvorfälle mit Organmitgliedern
3. Konzernbeziehungen
4. Haftungsverhältnisse, sonstige finanzielle Verpflichtungen und außerbilanzielle Geschäfte
5. *Abschlussprüferhonorar*

Einzelne Angaben können unter mehrere Punkte dieser Gliederung fallen. Sie wurden dann einheitlich stets nur unter einen Gliederungspunkt aufgenommen. Auf entsprechende Verweise bei anderen Gliederungspunkten wurde verzichtet.

Für die gemäß HGB verlangten Anhangangabepflichten gelten die Schutzklauseln des § 286 HGB wie folgt:

(1) Die **Berichterstattung** hat insoweit zu unterbleiben, als es für das Wohl der Bundesrepublik Deutschland oder eines ihrer Länder erforderlich ist.

...

(3) Die Angaben nach **§ 285 Satz 1 Nr. 11 und 11a** können unterbleiben, soweit sie

1. für die Darstellung der Vermögens-, Finanz- und Ertragslage der Kapitalgesellschaft nach § 264 Abs. 2 von untergeordneter Bedeutung sind oder
2. nach vernünftiger kaufmännischer Beurteilung geeignet sind, der Kapitalgesellschaft oder dem anderen Unternehmen einen erheblichen Nachteil zuzufügen.
Die Angabe des **Eigenkapitals** und des **Jahresergebnisses** kann unterbleiben, wenn das Unternehmen, über das zu berichten ist, seinen Jahresabschluss nicht offenzulegen hat und die berichtende Kapitalgesellschaft weniger als die Hälfte der Anteile besitzt. Satz 1 Nr. 2 ist nicht anzuwenden, wenn die Kapitalgesellschaft oder eines ihrer Tochterunternehmen (§ 290 Abs. 1 und 2) am Abschlussstichtag kapitalmarktorientiert i. S. d. § 264 d ist. Im Übrigen ist die Anwendung der Ausnahmeregelung nach Satz 1 Nr. 2 im Anhang anzugeben.

(4) Bei Gesellschaften, die keine börsennotierten Aktiengesellschaften sind, können die in **§ 285 Satz 1 Nr. 9 Buchstabe a und b** verlangten Angaben über die Gesamtbezüge der dort bezeichneten Personen unterbleiben, wenn sich anhand dieser Angaben die Bezüge eines Mitglieds dieser Organe feststellen lassen.

4. Checklisten für die Erstellung des Anhangs nach BilMoG

Lfd. Nr.	Anhangangabe	Vorschrift	alternative Angabe in Bilanz/GuV, Lagebericht	Bemerkungen/ Hinweise (Sachverhalt nicht einschlägig, erledigt, noch offen, Anwendung Schutzklausel u. a.)
I. Allgemeine Angaben				
1.	Abweichungen von der Form der Darstellung, insbesondere der Gliederung der Bilanz, soweit in Ausnahmefällen wegen besonderer Umstände erforderlich ▶ Angabe und ▶ Begründung Abweichungen von der Form der Darstellung, insbesondere der Gliederung der Gewinn- und Verlustrechnung (GuV), soweit in Ausnahmefällen wegen besonderer Umständen erforderlich ▶ Angabe und ▶ Begründung	§ 265 Abs. 1 Satz 2 HGB	---	Die Angaben nach § 265 Abs. 1 Satz 2 HGB finden bei erstmaliger Anwendung der durch das Bilanzrechtsmodernisierungsgesetz (BilMoG) geänderten Vorschriften keine Anwendung (Art. 67 Abs. 8 HGB)
2.	Sind Beträge des vorhergehenden Geschäftsjahres in der Bilanz nicht vergleichbar ▶ Angabe und ▶ Erläuterung Sind Beträge des vorhergehenden Geschäftsjahres in der GuV nicht vergleichbar ▶ Angabe und ▶ Erläuterung	§ 265 Abs. 2 Satz 2 HGB	---	
3.	Anpassung von Vorjahresbeträgen in der Bilanz ▶ Angabe und ▶ Erläuterung Anpassung von Vorjahresbeträgen in der GuV ▶ Angabe und ▶ Erläuterung	§ 265 Abs. 2 Satz 3 HGB	---	
4.	Werden bei erstmaliger Anwendung der durch das BilMoG geänderten Vorschriften die Vorjahresbeträge nicht angepasst ▶ Hinweis	Art. 67 Abs. 8 EGHGB		
5.	Ergänzung der Gliederung des Jahresabschlusses bei mehreren vorhandenen Geschäftszweigen, die eine Ergänzung der Gliederung des Jahresabschlusses nach verschiedenen Gliederungsvorschriften bedingen ▶ Angabe und ▶ Begründung	§ 265 Abs. 4 Satz 2 HGB	---	

4.2 Checkliste für den Anhang der mittelgroßen GmbH

Lfd. Nr.	Anhangangabe	Vorschrift	alternative Angabe in Bilanz/GuV, Lagebericht	Bemerkungen/ Hinweise (Sachverhalt nicht einschlägig, erledigt, noch offen, Anwendung Schutzklausel u. a.)
6.	Zulässiger zusammengefasster Ausweis der mit arabischen Zahlen versehenen Posten der Bilanz ▶ gesonderter Ausweis der zusammengefassten Posten Zulässiger zusammengefasster Ausweis der mit arabischen Zahlen versehenen Posten der GuV ▶ gesonderter Ausweis der zusammengefassten Posten	§ 265 Abs. 7 Nr. 2 HGB	---	
7.	Sofern besondere Umstände dazu führen, dass der Jahresabschluss kein den tatsächlichen Verhältnissen entsprechendes Bild gemäß § 264 Abs. 2 Satz 1 HGB vermittelt ▶ zusätzliche Angaben	§ 264 Abs. 2 Satz 2 HGB	---	
8.	Sofern die durch das BilMoG geänderten Vorschriften insgesamt freiwillig vorzeitig angewendet werden ▶ Angabe	Art. 66 Abs. 3 Nr. 6 EGHGB	---	
II. Angaben zu Bilanzierungs- und Bewertungsmethoden				
9.	Auf die Posten der Bilanz angewendete Bilanzierungs- und Bewertungsmethoden ▶ Angabe Auf die Posten der GuV angewendete Bilanzierungs- und Bewertungsmethoden ▶ Angabe	§ 284 Abs. 2 Nr. 1 HGB	---	BilMoG: Neuformulierung der Angabe zur Anpassung an veränderte Bilanzierungs- und Bewertungsmethoden
10.	Abweichungen von im Vorjahr bei Posten der Bilanz angewendeten Bilanzierungs- und Bewertungsmethoden ▶ Angabe und ▶ Begründung Abweichungen von im Vorjahr bei Posten der GuV angewendeten Bilanzierungs- und Bewertungsmethoden ▶ Angabe und ▶ Begründung	§ 284 Abs. 2 Nr. 3 1. Halbsatz HGB	---	Die Angaben nach § 284 Abs. 2 Nr. 3 HGB finden bei erstmaliger Anwendung der durch das BilMoG geänderten Vorschriften keine Anwendung (Art. 67 Abs. 8 HGB)

Lfd. Nr.	Anhangangabe	Vorschrift	alternative Angabe in Bilanz/GuV, Lagebericht	Bemerkungen/ Hinweise (Sachverhalt nicht einschlägig, erledigt, noch offen, Anwendung Schutzklausel u. a.)
11.	Einfluss der Abweichungen angewendeter Bilanzierungs- und Bewertungsmethoden bei Posten der Bilanz und/oder der GuV auf die Vermögens-, Finanz- und Ertragslage ▶ gesonderte Darstellung	§ 284 Abs. 2 Nr. 3 2. Halbsatz HGB	---	Die Angaben nach § 284 Abs. 2 Nr. 3 HGB finden bei erstmaliger Anwendung der durch das BilMoG geänderten Vorschriften keine Anwendung (Art. 67 Abs. 8 HGB)
12.	Grundlagen für die Währungsumrechnung in € (soweit der Jahresabschluss Posten enthält, denen Beträge zugrunde liegen, die auf fremde Währung lauten oder ursprünglich auf fremde Währung lauteten) ▶ Angabe	§ 284 Abs. 2 Nr. 2 HGB	---	

13.	Sofern gemäß § 254 HGB Bewertungseinheiten gebildet worden sind, Angabe
	▶ mit welchen Betrag jeweils
	  – Vermögensgegenstände,
	  – Schulden,
	  – Schwebende Geschäfte und
	  – mit hoher Wahrscheinlichkeit vorgesehene Transaktionen
	▶ zur Absicherung welcher Risiken
	▶ in welche Arten von Bewertungseinheiten einbezogen sind sowie
	▶ die Höhe der mit Bewertungseinheiten abgesicherten Risiken
		§ 285 Nr. 23a) HGB	Lagebericht	

14.	Sofern gemäß § 254 HGB Bewertungseinheiten gebildet worden sind, Angabe
	▶ für die jeweils abgesicherten Risiken
	  – warum,
	  – in welchem Umfang und
	  – für welchen Zeitraum
	sich die gegenläufigen Wertänderungen oder Zahlungsströme künftig voraussichtlich ausgleichen
	▶ Methoden der Effektivitätsmessung
		§ 285 Nr. 23b) HGB	Lagebericht	

15.	Sofern gemäß § 254 HGB Bewertungseinheiten gebildet worden sind und darin mit hoher Wahrscheinlichkeit erwartete Transaktionen einbezogen wurden ▶ Erläuterung dieser Transaktionen	§ 285 Nr. 23c) HGB	Lagebericht	

4.2 Checkliste für den Anhang der mittelgroßen GmbH

Lfd. Nr.	Anhangangabe	Vorschrift	alternative Angabe in Bilanz/GuV, Lagebericht	Bemerkungen/ Hinweise (Sachverhalt nicht einschlägig, erledigt, noch offen, Anwendung Schutzklausel u. a.)
16.	Erhebliche Unterschiedsbeträge bei Anwendung der Bewertungsmethode nach § 240 Abs. 4 HGB im Vergleich zu einer Bewertung mit dem letzten Börsenkurs oder Marktpreis ▶ Ausweis der Unterschiedsbeträge pauschal für die jeweilige Gruppe Erhebliche Unterschiedsbeträge bei Anwendung der Bewertungsmethode nach § 256 Satz 1 HGB im Vergleich zu einer Bewertung mit dem letzten Börsenkurs oder Marktpreis ▶ Ausweis der Unterschiedsbeträge pauschal für die jeweilige Gruppe	§ 284 Abs. 2 Nr. 4 HGB	---	
17.	Einbeziehung von Zinsen für Fremdkapital in die Herstellungskosten von Vermögensgegenständen ▶ Angaben	§ 284 Abs. 2 Nr. 5 HGB	---	

III. Weitere Angaben zur Bilanz

1. Aufgrund des BilMoG nur noch übergangsweise bilanzierbare Posten

Lfd. Nr.	Anhangangabe	Vorschrift	alternative Angabe in Bilanz/GuV, Lagebericht	Bemerkungen
18.	Sofern Aufwendungen für die Ingangsetzung und Erweiterung des Geschäftsbetriebs aktiviert und fortgeführt werden ▶ Erläuterung des Postens	§ 269 Satz 1 HGB a. F. i. V. m. Art. 67 Abs. 5 Nr. 1 EGHGB	---	
19.	Sofern Sonderposten mit Rücklageanteil passiviert und beibehalten werden ▶ Angabe der Vorschriften, nach denen der Posten gebildet worden ist ▶ Angabe der im Posten „sonstige betriebliche Erträge" erfassten Erträge aus der Auflösung des Sonderposten mit Rücklageanteil	§§ 273 Satz 2, 281 Abs. 2 Satz 2 HGB a. F. i. V. m. Art. 67 Abs. 3 Nr. 1 EGHGB	Bilanz GuV	

2. Mehrere Posten betreffend

Lfd. Nr.	Anhangangabe	Vorschrift	alternative Angabe in Bilanz/GuV, Lagebericht	Bemerkungen
20.	Mitzugehörigkeit von Vermögensgegenständen zu anderen Posten der Bilanz ▶ Angabe, wenn zur Klarheit und Übersichtlichkeit des Jahresabschlusses erforderlich Mitzugehörigkeit von Schulden zu anderen Posten der Bilanz ▶ Angabe, wenn zur Klarheit und Übersichtlichkeit des Jahresabschlusses erforderlich	§ 265 Abs. 3 Nr. 1 HGB	Bilanz	

Lfd. Nr.	Anhangangabe	Vorschrift	alternative Angabe in Bilanz/GuV, Lagebericht	Bemerkungen/ Hinweise (Sachverhalt nicht einschlägig, erledigt, noch offen, Anwendung Schutzklausel u. a.)
21.	Bei Verrechnung von Vermögensgegenständen und Schulden gemäß § 246 Abs. 2 Satz 2 HGB, Angabe ▶ Anschaffungskosten der verrechneten Vermögensgegenstände, ▶ Beizulegender Zeitwert der verrechneten Vermögensgegenstände, ▶ Grundlegende Annahmen, die der Bestimmung des beizulegenden Zeitwertes zugrunde gelegt wurden (sofern dieser mit Hilfe allgemein anerkannter Bewertungsmethoden ermittelt wurde), ▶ Erfüllungsbetrag der verrechneten Schulden, ▶ verrechnete Aufwendungen und ▶ verrechnete Erträge	§ 285 Nr. 25 HGB	---	
22.	Werden selbst geschaffene immaterielle Vermögensgegenstände, latente Steuern und/oder Vermögensgegenstände zum beizulegenden Zeitwert aktiviert, Angabe ▶ Gesamtbetrag der i. S. d. § 268 Abs. 8 HGB ausschüttungsgesperrten Beträge ▶ Aufgliederung des Gesamtbetrags in ausschüttungsgesperrte Beträge aus der Aktivierung – selbst geschaffener immaterieller Vermögensgegenstände des Anlagevermögens – latenter Steuern – von Vermögensgegenständen zum beizulegenden Zeitwert	§ 285 Nr. 28 HGB	---	

3. Aktiva

Lfd. Nr.	Anhangangabe	Vorschrift	alternative Angabe in Bilanz/GuV, Lagebericht	Bemerkungen/ Hinweise
23.	Entwicklung der einzelnen Posten des Anlagevermögens ▶ Darstellung (Anlagespiegel)	§ 268 Abs. 2 Satz 1 HGB	Bilanz	BilMoG: Streichung des Postens „Aufwendungen für die Ingangsetzung und Erweiterung des Geschäftsbetriebs" aber mit Wahlrecht zur übergangsweisen Fortführung
24.	Bei Aktivierung selbst erstellter immaterieller Vermögensgegenstände des Anlagevermögens (§ 248 Abs. 2 HGB), Angabe: ▶ Gesamtbetrag der Forschungs- und Entwicklungskosten des Geschäftsjahres ▶ davon auf die Aktivierung entfallender Betrag	§ 285 Nr. 22 HGB	---	

4.2 Checkliste für den Anhang der mittelgroßen GmbH

Lfd. Nr.	Anhangangabe	Vorschrift	alternative Angabe in Bilanz/GuV, Lagebericht	Bemerkungen/ Hinweise (Sachverhalt nicht einschlägig, erledigt, noch offen, Anwendung Schutzklausel u. a.)
25.	Bei Aktivierung eines entgeltlich erworbenen Geschäfts- oder Firmenwertes (§ 246 Abs. 1 Satz 4 HGB) unter Annahme einer betrieblichen Nutzungsdauer von mehr als fünf Jahren ▶ Angabe rechtfertigender Gründe für die Länge der Nutzungsdauer	§ 285 Nr. 13 HGB	---	
26.	Ausleihungen gegenüber Gesellschaftern ▶ Angabe Bilanzausweis von „Ausleihungen gegenüber Gesellschaftern" unter anderen als diesem Posten ▶ Vermerk	§ 42 Abs. 3 GmbHG	Bilanz	
27.	Bei Anteilsbesitz von mindestens 20 % an einem anderen Unternehmen (Anteilseigner: Die GmbH oder eine für Rechnung der GmbH handelnde Person), Angabe: ▶ Name des im Anteilsbesitz stehenden Unternehmens ▶ Sitz des im Anteilsbesitz stehenden Unternehmens ▶ Höhe des Anteils am Kapital des im Anteilsbesitz stehenden Unternehmens (Ermittlung des Anteils in entsprechender Anwendung des § 16 Abs. 2 und 4 AktG) ▶ Eigenkapital des im Anteilsbesitz stehenden Unternehmens ▶ Jahresergebnis des im Anteilsbesitz stehenden Unternehmens für das letzte Geschäftsjahr, für das ein Jahresabschluss vorliegt	§ 285 Nr. 11 HGB	---	Schutzklausel nach § 286 Abs. 3 HGB beachten (siehe Anwendungshinweise zur Checkliste)
28.	Ist die GmbH bei anderen Unternehmen unbeschränkt haftender Gesellschafter, Angabe ▶ Name dieser Unternehmen ▶ Sitz dieser Unternehmen ▶ Rechtsform dieser Unternehmen	§ 285 Nr. 11a HGB	---	Schutzklausel nach § 286 Abs. 3 HGB beachten (siehe Anwendungshinweise zur Checkliste)
29.	Sofern unter den Finanzanlagen (§ 266 Abs. 2 A. III HGB) Finanzinstrumente erfasst sind, die über ihrem beizulegenden Zeitwert ausgewiesen werden, da eine außerplanmäßige Abschreibung nach § 253 Abs. 3 Satz 4 HGB unterblieben ist, Angabe ▶ Buchwert der einzelnen Vermögensgegenstände (Nr. 18a) und ▶ beizulegender Zeitwert der einzelnen Vermögensgegenstände (Nr. 18a) oder	§ 285 Nr. 18a) und b) HGB	---	

Lfd. Nr.	Anhangangabe	Vorschrift	alternative Angabe in Bilanz/GuV, Lagebericht	Bemerkungen/ Hinweise (Sachverhalt nicht einschlägig, erledigt, noch offen, Anwendung Schutzklausel u. a.)
	▸ Buchwert angemessener Gruppierungen (Nr. 18a) und ▸ beizulegender Zeitwert angemessener Gruppierungen (Nr. 18a) sowie ▸ Gründe für die Unterlassung der Abschreibung (Nr. 18b) einschließlich der ▸ Anhaltspunkte, die darauf hindeuten, dass die Wertminderung voraussichtlich nicht von Dauer ist (Nr. 18b)			
30.	Sofern derivative Finanzinstrumente bilanziert werden, die nicht zum beizulegenden Zeitwert bewertet sind, Angaben für jeder Kategorie ▸ Art der derivativen Finanzinstrumente (Nr. 19a) ▸ Umfang der derivativen Finanzinstrumente (Nr. 19a) ▸ beizulegender Zeitwert der derivativen Finanzinstrumente, soweit sich dieser nach § 255 Abs. 4 HGB verlässlich ermitteln lässt (Nr. 19b) ▸ zur Wertermittlung der derivativen Finanzinstrumente angewendete Bewertungsmethode (Nr. 19b) ▸ Buchwert der derivativen Finanzinstrumente (Nr. 19c) ▸ Bilanzposten, in denen der Buchwert der derivativen Finanzinstrumente erfasst ist (Nr. 19c) ▸ die Gründe dafür, warum der beizulegende Zeitwert nicht bestimmbar ist (Nr. 19d)	§ 285 Nr. 19a)-d) HGB	---	
31.	Werden Anteile oder Anlageaktien an inländischen Investmentvermögen i. S. d. § 1 InvG oder an vergleichbaren ausländischen Investmentanteilen i. S. d. § 2 Abs. 9 InvG jeweils von mehr als 10 % bilanziert, Angabe, jeweils aufgegliedert nach Anlagezielen ▸ Wert der inländischen Anteile oder Anlageaktien i. S. d. § 36 InvG ▸ Wert der ausländischen Anteile oder Anlageaktien i. S. d. § 36 InvG vergleichbarer ausländischer Vorschriften ▸ Differenz der Werte jeweils zum Buchwert der Anteile oder Anlageaktien ▸ für das Geschäftsjahr erfolgte Ausschüttung aus Anteilen oder Anlageaktien ▸ Beschränkungen in der Möglichkeit der täglichen Rückgabe der Anteile oder Anlageaktien	§ 285 Nr. 26 HGB	---	

4.2 Checkliste für den Anhang der mittelgroßen GmbH

Lfd. Nr.	Anhangangabe	Vorschrift	alternative Angabe in Bilanz/GuV, Lagebericht	Bemerkungen/ Hinweise (Sachverhalt nicht einschlägig, erledigt, noch offen, Anwendung Schutzklausel u. a.)
32.	▸ Gründe dafür, dass eine Abschreibung nach § 253 Abs. 3 Satz 4 HGB unterblieben ist ▸ Anhaltspunkte, die darauf hindeuten, dass die Wertminderung der Anteile oder Anlageaktien voraussichtlich nicht von Dauer ist Für gemäß § 340e Abs. 3 Nr. 1 mit dem beizulegenden Zeitwert bewertete Finanzinstrumente, Angaben ▸ grundlegende Annahmen zur Bestimmung des beizulegenden Zeitwerts bei Anwendung allgemein anerkannter Bewertungsmethoden (Nr. 20a) ▸ Umfang jeder Kategorie derivativer Finanzinstrumente (Nr. 20b) ▸ Art jeder Kategorie derivativer Finanzinstrumente (Nr. 20b) ▸ Wesentliche Bedingungen für jede Kategorie derivativer Finanzinstrumente, die – die Höhe künftiger Zahlungsströme beeinflussen können (Nr. 20b) – den Zeitpunkt künftiger Zahlungsströme beeinflussen können (Nr. 20b) – die Sicherheit künftiger Zahlungsströme beeinflussen können (Nr. 20b)	§ 285 Nr. 20a) und b) HGB	---	
33.	Forderungen gegenüber Gesellschaftern ▸ Angabe Bilanzausweis von „Forderungen gegenüber Gesellschaftern" unter anderen als diesem Posten ▸ Vermerk	§ 42 Abs. 3 GmbHG	Bilanz	
34.	Sind unter dem Posten „sonstige Vermögensgegenstände" Beträge für Vermögensgegenstände ausgewiesen, die rechtlich erst nach dem Abschlussstichtag entstehen ▸ Erläuterung der Beträge, die einen größeren Umfang haben	§ 268 Abs. 4 Satz 2 HGB	---	
35.	Betrag des als aktiver Rechnungsabgrenzungsposten bilanzierten Disagios (§ 250 Abs. 3 HGB) ▸ Angabe	§ 268 Abs. 6 HGB	Bilanz	
4. Eigenkapital				
36.	Betrag des in andere Gewinnrücklagen eingestellten Eigenkapitalanteils von Wertaufholungen bei Vermögensgegenständen des Anlage- und Umlaufvermögens und von bei der steuerrechtlichen Gewinnermittlung gebildeten Passivposten, die nicht im Sonderposten mit Rücklageanteil ausgewiesen werden dürfen ▸ Angabe	§ 29 Abs. 4 Nr. 2 GmbHG	Bilanz	

Lfd. Nr.	Anhangangabe	Vorschrift	alternative Angabe in Bilanz/GuV, Lagebericht	Bemerkungen/ Hinweise (Sachverhalt nicht einschlägig, erledigt, noch offen, Anwendung Schutzklausel u. a.)
37.	Vorhandener Gewinn- oder Verlustvortrag bei Aufstellung der Bilanz unter Berücksichtigung der teilweisen Verwendung des Jahresergebnisses ▸ Angabe	§ 268 Abs. 1 Satz 2 2. Halbsatz HGB	Bilanz	
5. Rückstellungen				
38.	Nicht ausgewiesene Rückstellungen für laufende Pensionen oder Anwartschaften auf Pensionen aufgrund unmittelbarer Zusage bei Erwerb des Rechtsanspruchs vor dem 1. 1. 1987 („Altzusagen"), Angabe jeweils in einem Betrag ▸ nicht ausgewiesene Rückstellungen für laufende Pensionen ▸ nicht ausgewiesene Rückstellungen für Anwartschaften auf Pensionen	Art. 28 Abs. 2 Nr. 1 EGHGB	---	
39.	Nicht ausgewiesene Rückstellungen für laufende Pensionen oder Anwartschaften auf Pensionen aufgrund mittelbarer Zusage sowie für ähnliche unmittelbare oder mittelbare Verpflichtungen, Angabe jeweils in einem Betrag ▸ nicht ausgewiesene Rückstellungen für laufende Pensionen ▸ nicht ausgewiesene Rückstellungen für Anwartschaften auf Pensionen ▸ nicht ausgewiesene Rückstellungen für ähnliche Verpflichtungen	Art. 28 Abs. 2 Nr. 2 EGHGB	---	
40.	Unterdeckung bei durch das BilMoG geändert bewerteten Rückstellungen für laufende Pensionen oder Anwartschaften auf Pensionen, Angabe jeweils in einem Betrag ▸ nicht ausgewiesene Rückstellungen für laufende Pensionen und ▸ nicht ausgewiesene Rückstellungen für Anwartschaften auf Pensionen	Art. 67 Abs. 2 EGHGB	---	
41.	Rückstellungen für Pensionen und ähnliche Verpflichtungen, Angabe ▸ angewandtes versicherungsmathematisches Berechnungsverfahren ▸ grundlegende Annahmen der Berechnung wie – Zinssatz, – erwartete Lohn- und Gehaltssteigerungen, – zugrunde gelegte Sterbetafeln	§ 285 Nr. 24 HGB	---	
42.	Beibehaltung von Rückstellungen, die nach der durch das BilMoG geänderten Bewertung aufzulösen wären ▸ Angabe jeweils des Betrags der Überdotierung	Art. 67 Abs. 1 Nr. 4 EGHGB	---	

4.2 Checkliste für den Anhang der mittelgroßen GmbH

Lfd. Nr.	Anhangangabe	Vorschrift	alternative Angabe in Bilanz/GuV, Lagebericht	Bemerkungen/ Hinweise (Sachverhalt nicht einschlägig, erledigt, noch offen, Anwendung Schutzklausel u. a.)
43.	In der Bilanz unter dem Posten „sonstige Rückstellungen" nicht gesonderte Rückstellungen, wenn sie einen nicht unerheblichen Umfang haben ▶ Erläuterung	§ 285 Nr. 12 HGB	---	
6 Verbindlichkeiten				
44.	Verbindlichkeiten gegenüber Gesellschaftern ▶ Angabe Bilanzausweis von „Verbindlichkeiten gegenüber Gesellschaftern" unter anderen als diesem Posten ▶ Vermerk	§ 42 Abs. 3 GmbHG	Bilanz	
45.	Gesamtbetrag der Verbindlichkeiten mit einer Restlaufzeit von mehr als fünf Jahren ▶ Angabe ▶ Aufgliederung für jeden Posten nach dem vorgeschriebenen Gliederungsschema	§ 285 Nr. 1a) und 2 HGB	---	BilMoG: Streichung der hierbei bisher alternativ zulässigen Angabe in der Bilanz
46.	Sind Verbindlichkeiten durch Pfandrechte oder ähnliche Rechte gesichert, Angabe ▶ Gesamtbetrag der gesicherten Verbindlichkeiten ▶ Art der Sicherheiten ▶ Form der Sicherheiten ▶ Aufgliederung der Angaben für jeden Posten nach dem vorgeschriebenen Gliederungsschema	§ 285 Nr. 1b) und 2 HGB	---	BilMoG: Streichung der hierbei bisher alternativ zulässigen Angabe in der Bilanz
47.	Sind unter dem Posten „Verbindlichkeiten" Beträge für Verbindlichkeiten ausgewiesen, die rechtlich erst nach dem Abschlussstichtag entstehen ▶ Erläuterung der Beträge, die einen größeren Umfang haben	§ 268 Abs. 5 Satz 3 HGB	---	
IV. Weitere Angaben zur Gewinn- und Verlustrechnung				
48.	Bei Anwendung des Umsatzkostenverfahrens (§ 275 Abs. 3 HGB): Materialaufwand des Geschäftsjahres ▶ Angabe, gegliedert nach § 275 Abs. 2 Nr. 5 HGB	§ 285 Nr. 8a) HGB	---	
49.	Bei Anwendung des Umsatzkostenverfahrens (§ 275 Abs. 3 HGB): Personalaufwand des Geschäftsjahres ▶ Angabe, gegliedert nach § 275 Abs. 2 Nr. 6 HGB	§ 285 Nr. 8b) HGB	---	

Lfd. Nr.	Anhangangabe	Vorschrift	alternative Angabe in Bilanz/GuV, Lagebericht	Bemerkungen/ Hinweise (Sachverhalt nicht einschlägig, erledigt, noch offen, Anwendung Schutzklausel u. a.)
50.	Abschreibungen des Geschäftsjahres ▶ Aufgliederung entsprechend der Gliederung des Anlagevermögens	§ 268 Abs. 2 Satz 3 HGB	Bilanz	
51.	Wurden bei Vermögensgegenständen des Anlagevermögens außerplanmäßige Abschreibungen vorgenommen (§ 253 Abs. 3 Satz 3 und 4 HGB) ▶ gesonderte Angabe	§ 277 Abs. 3 Satz 1 HGB	GuV	BilMoG: Beschränkung der Angabe auf außerplanmäßige Abschreibungen beim Anlagevermögen
52.	Wird der Posten „außerordentliche Erträge" ausgewiesen: Erläuterung, soweit für die Beurteilung der Ertragslage nicht von untergeordneter Bedeutung ▶ Betrag der außerordentlichen Erträge ▶ Art der außerordentlichen Erträge	§ 277 Abs. 4 Satz 2 HGB	---	BilMoG: Ausweis der Übergangseffekte unter den a. o. Posten (Art. 67 Abs. 7 EGHGB)
53.	Wird der Posten „außerordentliche Aufwendungen" ausgewiesen: Erläuterung, soweit für die Beurteilung der Ertragslage nicht von untergeordneter Bedeutung ▶ Betrag der außerordentlichen Aufwendungen ▶ Art der außerordentlichen Aufwendungen	§ 277 Abs. 4 Satz 2 HGB	---	BilMoG: Ausweis der Übergangseffekte unter den a. o. Posten (Art. 67 Abs. 7 EGHGB)
54.	Sind Erträge einem anderen Geschäftsjahr zuzurechnen (periodenfremde Erträge): Erläuterung, soweit für die Beurteilung der Ertragslage von Bedeutung ▶ Betrag der periodenfremden Erträge ▶ Art der periodenfremden Erträge	§ 277 Abs. 4 Satz 3 HGB	---	BilMoG: Klarstellung, dass alle periodenfremden Erträge zu erläutern sind
55.	Sind Aufwendungen einem anderen Geschäftsjahr zuzurechnen (periodenfremde Aufwendungen): Erläuterung, soweit für die Beurteilung der Ertragslage von Bedeutung ▶ Betrag der periodenfremden Aufwendungen ▶ Art der periodenfremden Aufwendungen	§ 277 Abs. 4 Satz 3 HGB	---	BilMoG: Klarstellung, dass alle periodenfremden Aufwendungen zu erläutern sind
56.	Umfang, in dem die Steuern vom Einkommen und vom Ertrag das in der GuV ausgewiesene Ergebnis belasten, Angabe: ▶ Ertragsteuerbelastung auf das Ergebnis der gewöhnlichen Geschäftstätigkeit ▶ Ertragsteuerbelastung auf das außerordentliche Ergebnis	§ 285 Nr. 6 HGB	---	

4.2 Checkliste für den Anhang der mittelgroßen GmbH

Lfd. Nr.	Anhangangabe	Vorschrift	alternative Angabe in Bilanz/GuV, Lagebericht	Bemerkungen/ Hinweise (Sachverhalt nicht einschlägig, erledigt, noch offen, Anwendung Schutzklausel u. a.)
V. Sonstige Angaben				
1. Arbeitnehmeranzahl				
57.	Durchschnittliche Zahl der während des Geschäftsjahrs beschäftigten Arbeitnehmer i. S. d. § 267 Abs. 5 HGB ▶ Angabe, getrennt nach Gruppen	§ 285 Nr. 7 HGB	---	
2. Organmitgliedschaften und bestimmte Geschäftsvorfälle mit Organmitgliedern				
58.	Für alle Mitglieder des Geschäftsführungsorgans, auch wenn sie im Geschäftsjahr oder später ausgeschieden sind, Angabe ▶ Familienname, ▶ mindestens ein ausgeschriebener Vorname, ▶ ausgeübter Beruf und ▶ vorsitzendes Mitglied des Geschäftsführungsorgans (mit gesonderter Bezeichnung)	§ 285 Nr. 10 HGB	---	
59.	Für alle Mitglieder eines fakultativ gebildeten Aufsichtsrates, auch wenn sie im Geschäftsjahr oder später ausgeschieden sind, Angabe ▶ Familienname, ▶ mindestens ein ausgeschriebener Vorname, ▶ ausgeübter Beruf, ▶ vorsitzendes Mitglied des Aufsichtsrats (mit gesonderter Bezeichnung) und ▶ stellvertretend vorsitzendes Mitglied des Aufsichtsrats (mit gesonderter Bezeichnung)	§ 285 Nr. 10 HGB	---	
60.	Für die Mitglieder des Geschäftsführungsorgans, Angabe ▶ gewährte Gesamtbezüge für die Tätigkeit des Geschäftsjahres (Zu den Bezügen gehören: Gehälter, Gewinnbeteiligungen, Aufwandsentschädigungen, Versicherungsentgelte, Provisionen, Nebenleistungen jeder Art sowie Bezüge, die nicht ausgezahlt, sondern in Anspruch genommener Art umgewandelt oder zur Erhöhung anderer Ansprüche verwendet werden) ▶ Bezüge, die im Geschäftsjahr gewährt, aber bisher in keinem Jahresabschluss angegeben worden sind Für die Mitglieder eines fakultativ gebildeten Aufsichtsrats, Angabe ▶ gewährte Gesamtbezüge für die Tätigkeit des Geschäftsjahres (Inhalt s. o.) ▶ Bezüge, die im Geschäftsjahr gewährt, aber bisher in keinem Jahresabschluss angegeben worden sind	§ 285 Nr. 9a) HGB	---	Schutzklausel nach § 286 Abs. 4 HGB beachten (siehe Anwendungshinweise zur Checkliste)

Lfd. Nr.	Anhangangabe	Vorschrift	alternative Angabe in Bilanz/GuV, Lagebericht	Bemerkungen/ Hinweise (Sachverhalt nicht einschlägig, erledigt, noch offen, Anwendung Schutzklausel u. a.)
	Für die Mitglieder eines Beirats oder einer ähnlichen Einrichtung, Angabe ▶ gewährte Gesamtbezüge für die Tätigkeit des Geschäftsjahres (Inhalt s. o.) ▶ Bezüge, die im Geschäftsjahr gewährt, aber bisher in keinem Jahresabschluss angegeben worden sind			
61.	Für frühere Mitglieder des Geschäftsführungsorgans und ihrer Hinterbliebenen, Angabe ▶ Gesamtbezüge für das Geschäftsjahr (Zu den Bezügen gehören: Abfindungen, Ruhegehälter, Hinterbliebenenbezüge und Leistungen verwandter Art sowie Bezüge, die nicht ausgezahlt, sondern in Ansprüche anderer Art umgewandelt oder zur Erhöhung anderer Ansprüche verwendet werden) ▶ Bezüge, die im Geschäftsjahr gewährt, aber bisher in keinem Jahresabschluss angegeben worden sind Für frühere Mitglieder eines fakultativ gebildeten Aufsichtsrats und ihrer Hinterbliebenen, Angabe ▶ Gesamtbezüge für das Geschäftsjahr (Inhalt s. o.) ▶ Bezüge, die im Geschäftsjahr gewährt, aber bisher in keinem Jahresabschluss angegeben worden sind Für frühere Mitglieder eines Beirats oder einer ähnlichen Einrichtung und ihrer Hinterbliebnen, Angabe ▶ Gesamtbezüge für das Geschäftsjahr (Inhalt s. o.) ▶ Bezüge, die im Geschäftsjahr gewährt, aber bisher in keinem Jahresabschluss angegeben worden sind	§ 285 Nr. 9b) Sätze 1 und 2 HGB		Schutzklausel nach § 286 Abs. 4 HGB beachten (siehe Anwendungshinweise zur Checkliste)
62.	Bestehen Verpflichtungen aus laufenden Pensionen und Anwartschaften auf Pensionen zugunsten früherer Organmitglieder und ihren Hinterbliebenen, Angabe ▶ Betrag der dafür gebildeten Rückstellungen und ▶ Betrag der hierfür nicht gebildeten Rückstellungen	§ 285 Nr. 9b) Satz 3 HGB	---	
63.	Wurden Organmitgliedern Vorschüsse und/oder Kredite gewährt, Angabe ▶ Betrag der gewährten Vorschüsse ▶ Betrag der gewährten Kredite,	§ 285 Nr. 9c) HGB	---	

4.2 Checkliste für den Anhang der mittelgroßen GmbH

Lfd. Nr.	Anhangangabe	Vorschrift	alternative Angabe in Bilanz/GuV, Lagebericht	Bemerkungen/ Hinweise (Sachverhalt nicht einschlägig, erledigt, noch offen, Anwendung Schutzklausel u. a.)
	▶ Zinssätze, ▶ wesentliche Bedingungen für die Gewährung, ▶ im Geschäftsjahr zurückgezahlte Beträge (sofern einschlägig) ▶ zugunsten der Organmitglieder eingegangene Haftungsverhältnisse			
3. Konzernbeziehungen				
64.	Mutterunternehmen der GmbH, das den Konzernabschluss für den größten Kreis von Unternehmen aufstellt, Angabe ▶ Name des Mutterunternehmens ▶ Sitz des Mutterunternehmens ▶ Ort der Hinterlegung des offen gelegten Konzernabschlusses (sofern einschlägig) Mutterunternehmen der GmbH, das den Konzernabschluss für den kleinsten Kreis von Unternehmen aufstellt, Angabe ▶ Name des Mutterunternehmens ▶ Sitz des Mutterunternehmens ▶ Ort der Hinterlegung des offen gelegten Konzernabschlusses (sofern einschlägig)	§ 285 Nr. 14 HGB	---	
65.	Soll die GmbH gemäß § 291 HGB durch die Konzernrechnungslegung des Mutterunternehmens von der Aufstellung eines Konzernabschlusses und Konzernlageberichts befreit werden, Angabe ▶ Name des Mutterunternehmens, das für den Konzern befreiend Rechnung legt, ▶ Sitz des Mutterunternehmens, das für den Konzern befreiend Rechnung legt, ▶ Hinweis auf die Befreiung von der eigenen Konzernrechnungslegung ▶ Erläuterung der befreienden Konzernabschluss des Mutterunternehmens vom deutschen Recht abweichend angewandten Bilanzierungs-, Bewertungs- und Konsolidierungsmethoden (sofern einschlägig)	§ 291 Abs. 2 Nr. 3a)-c) HGB	---	
4. Haftungsverhältnisse, sonstige finanzielle Verpflichtungen und außerbilanzielle Geschäfte				
66.	Haftungsverhältnisse i. S. d. § 251 HGB, jeweils Angabe mit gesonderter Angabe dafür gestellter Sicherheiten und der gegenüber verbundenen Unternehmen bestehenden Verpflichtungen ▶ Verbindlichkeiten aus der Begebung und Übertragung von Wechseln mit dafür gewährten Pfandrechten und sonstigen Sicherheiten davon gegenüber verbundenen Unternehmen	§ 268 Abs. 7 1. Halbsatz HGB	unter der Bilanz	

Lfd. Nr.	Anhangangabe	Vorschrift	alternative Angabe in Bilanz/GuV, Lagebericht	Bemerkungen/ Hinweise (Sachverhalt nicht einschlägig, erledigt, noch offen, Anwendung Schutzklausel u. a.)
	▶ Verbindlichkeiten aus Bürgschaften, Wechsel- und Scheckbürgschaften mit dafür gewährten Pfandrechten und sonstigen Sicherheiten davon gegenüber verbundenen Unternehmen ▶ Verbindlichkeiten aus Gewährleistungsverträgen mit dafür gewährten Pfandrechten und sonstigen Sicherheiten davon gegenüber verbundenen Unternehmen ▶ Haftungsverhältnisse aus der Bestellung von Sicherheiten für fremde Verbindlichkeiten mit dafür gewährten Pfandrechten und sonstigen Sicherheiten davon gegenüber verbundenen Unternehmen			
67.	Für unter der Bilanz oder im Anhang ausgewiesene Verbindlichkeiten und Haftungsverhältnisse nach § 251 HGB, jeweils Angabe ▶ Gründe für die Einschätzung des Risikos der Inanspruchnahme aus den Verbindlichkeiten aus der Begebung und Übertragung von Wechseln ▶ Gründe für die Einschätzung des Risikos der Inanspruchnahme aus den Verbindlichkeiten aus Bürgschaften, Wechsel- und Scheckbürgschaften ▶ Gründe für die Einschätzung des Risikos der Inanspruchnahme aus den Verbindlichkeiten aus Gewährleistungsverträgen ▶ Gründe für die Einschätzung des Risikos der Inanspruchnahme aus den Haftungsverhältnissen aus der Bestellung von Sicherheiten für fremde Verbindlichkeiten	§ 285 Nr. 27 HGB	---	
68.	Gesamtbetrag der sonstigen finanziellen Verpflichtungen, die nicht in der Bilanz erscheinen und nicht nach § 251 HGB oder § 285 Nr. 3 HGB anzugeben sind ▶ Angabe, sofern dies für die Beurteilung der Finanzlage von Bedeutung ist ▶ gesonderte Angabe des davon auf verbundene Unternehmen entfallenden Betrags	§ 285 Nr. 3a HGB	---	
69.	Wurden Geschäfte abgeschlossen, die nicht in der Bilanz enthalten sind, Angabe, soweit dies für die Beurteilung der Finanzlage notwendig ist: ▶ Art der Geschäfte ▶ Zweck der Geschäfte	§ 285 Nr. 3 HGB	---	

4.2 Checkliste für den Anhang der mittelgroßen GmbH

Lfd. Nr.	Anhangangabe	Vorschrift	alternative Angabe in Bilanz/GuV, Lagebericht	Bemerkungen/ Hinweise (Sachverhalt nicht einschlägig, erledigt, noch offen, Anwendung Schutzklausel u. a.)
5. Abschlussprüferhonorar				
70.	Vom Abschlussprüfer berechnetes Gesamthonorar, Angabe ▶ für das Geschäftsjahr berechnetes Gesamthonorar, ▶ aufgeschlüsselt in – Honorar für Abschlussprüfungsleistungen (Nr. 17a) – Honorar für andere Bestätigungsleistungen (Nr. 17b) – Honorar für Steuerberatungsleistungen (Nr. 17c) – Honorar für sonstige Leistungen (Nr. 17d)	§ 285 Nr. 17 HGB	---	Die mittelgroße GmbH ist von diesen Angaben befreit, muss sie jedoch bei schriftlicher Aufforderung der Wirtschaftsprüferkammer übermitteln (§ 288 Abs. 2 Satz 3 HGB)

4.3 Checkliste für den Anhang der großen GmbH

Anwendungshinweise:

Die folgende Anhangcheckliste für den Jahresabschluss der großen GmbH berücksichtigt alle branchenunabhängigen Angabepflichten gemäß HGB, EGHGB und GmbHG.[175] Sie ergeben sich aus folgenden Vorschriften (Nennung in der im jeweiligen Gesetz stehenden Reihenfolge):

- § 264 Abs. 2 Satz 2 HGB,
- § 265 Abs. 1 Satz 2, Abs. 2 Satz 2 und 3, Abs. 3 Satz 1, Abs. 4 Satz 2, Abs. 7 Nr. 2 HGB,
- § 268 Abs. 1 Satz 2, Abs. 2 Satz 1 und 3, Abs. 4 Satz 2, Abs. 5 Satz 3, Abs. 6, Abs. 7 1. Halbsatz HGB,
- § 277 Abs. 3 Satz 1, Abs. 4 Satz 2 und 3 HGB,
- § 284 Abs. 2 Nr. 1, Nr. 2, Nr. 3, Nr. 4, Nr. 5 HGB,
- § 285 Nr. 1a), Nr. 1b), Nr. 2, Nr. 3, Nr. 3a, Nr. 4, Nr. 6, Nr. 7, Nr. 8a), Nr. 8b), Nr. 9a), Nr. 9b), Nr. 9c), Nr. 10, Nr. 11, Nr. 11a, Nr. 12, Nr. 13, Nr. 14, Nr. 17, Nr. 18a), Nr. 18b), Nr. 19a), Nr. 19b), Nr. 19c), Nr. 19d), Nr. 20a), Nr. 20b), Nr. 21, Nr. 22, Nr. 23a), Nr. 23b), Nr. 23c), Nr. 24, Nr. 25, Nr. 26, Nr. 27, Nr. 28, Nr. 29 HGB,
- § 291 Abs. 2 Nr. 3a), Nr. 3b), Nr. 3c) HGB,
- §§ 269 Satz 1 1. Halbsatz, 273 Satz 2, 281 Abs. 2 Satz 2 HGB a. F. (übergangsweise weiter anzuwenden, sofern die Wahlrechte zur Fortführung bisher aktivierter Aufwendungen für die Ingangsetzung und Erweiterung des Geschäftsbetriebs und/oder Beibehaltung bisher passivierter Sonderposten mit Rücklageanteil ausgeübt werden),
- Art. 28 Abs. 2 Satz 1 und 2, Art. 67 Abs. 1 Satz 4, Abs. 2, Abs. 8 EGHGB,
- §§ 29 Abs. 4 Satz 2, 42 Abs. 3 GmbHG.

4.3 Checkliste für den Anhang der großen GmbH 141

Die durch das Bilanzrechtsmodernisierungsgesetz geänderten oder neuen Vorschriften sind in vorstehender Aufzählung durch Fettmarkierung, ihre Angabeerfordernisse in der Checkliste durch graue Schattierung hervorgehoben. Diese Angabepflichten sind in ihrer Gesamtheit erstmals in Jahresabschlüssen für Geschäftsjahre anzuwenden, die nach dem 31.12.2009 beginnen.

Neben branchenbezogenen Angabepflichten, vor allem aus der RechKredV für Kreditinstitute oder aus der RechVersV für Versicherungsunternehmen, wurden in der Checkliste auch solche nicht berücksichtigt, die durch Zeitablauf inhaltsleer geworden sind. Das sind Angabepflichten im Zusammenhang mit der Euro-Umstellung sowie mit der Anwendung des Altfahrzeug-Gesetzes (siehe Art. 42 Abs. 1 Satz 2, Abs. 3 Satz 3, 44 Abs. 1 Satz 4 und 53 Abs. 2 EGHGB).

Zur Systematisierung der Vielzahl der oben angeführten Angabepflichten, ist die Checkliste wie folgt gegliedert:

I. Allgemeine Angaben

II. Angaben zu Bilanzierungs- und Bewertungsmethoden

III. Weitere Angaben zur Bilanz

   1. Aufgrund des BilMoG nur noch übergangsweise bilanzierbare Posten
   2. Mehrere Posten betreffend
   3. Aktiva
   4. Eigenkapital
   5. Rückstellungen
   6. Verbindlichkeiten

IV. Weitere Angaben zur Gewinn- und Verlustrechnung

V. Sonstige Angaben

   1. Arbeitnehmerzahl
   2. Organmitgliedschaften und bestimmte Geschäftsvorfälle mit Organmitgliedern

---

[175] Zu branchenspezifischen Änderungen der Anhangangabepflichten aufgrund des BilMoG vgl. Philipps, H.: Rechnungslegung nach BilMoG, Wiesbaden 2010, S. 327-368.

3. Konzernbeziehungen
4. Haftungsverhältnisse, sonstige finanzielle Verpflichtungen und außerbilanzielle Geschäfte
5. Geschäfte mit nahe stehenden Unternehmen und Personen
6. Abschlussprüferhonorar

Einzelne Angaben können unter mehrere Punkte dieser Gliederung fallen. Sie wurden dann einheitlich stets nur unter einen Gliederungspunkt aufgenommen. Auf entsprechende Verweise bei anderen Gliederungspunkten wurde verzichtet.

Für die gemäß HGB verlangten Anhangangabepflichten gelten die Schutzklauseln des § 286 HGB wie folgt:

(1) Die **Berichterstattung** hat insoweit zu unterbleiben, als es für das Wohl der Bundesrepublik Deutschland oder eines ihrer Länder erforderlich ist.

(2) Die Aufgliederung der Umsatzerlöse nach **§ 285 Nr. 4** kann unterbleiben, soweit die Aufgliederung nach vernünftiger kaufmännischer Beurteilung geeignet ist, der Kapitalgesellschaft oder einem Unternehmen, von dem die Kapitalgesellschaft mindestens den fünften Teil der Anteile besitzt, einen erheblichen Nachteil zuzufügen.

(3) Die Angaben nach **§ 285 Satz 1 Nr. 11 und 11a** können unterbleiben, soweit sie

1. für die Darstellung der Vermögens-, Finanz- und Ertragslage der Kapitalgesellschaft nach § 264 Abs. 2 von untergeordneter Bedeutung sind oder

2. nach vernünftiger kaufmännischer Beurteilung geeignet sind, der Kapitalgesellschaft oder dem anderen Unternehmen einen erheblichen Nachteil zuzufügen.

Die Angabe des **Eigenkapitals** und des **Jahresergebnisses** kann unterbleiben, wenn das Unternehmen, über das zu berichten ist, seinen Jahresabschluss nicht offenzulegen hat und die berichtende Kapitalgesellschaft weniger als die Hälfte der Anteile besitzt. Satz 1 Nr. 2 ist nicht anzuwenden, wenn die Kapitalgesellschaft oder eines ihrer Tochterunternehmen (§ 290 Abs. 1 und 2) am Abschlussstichtag kapitalmarktorientiert i. S. d. § 264d ist. Im Übrigen ist die Anwendung der Ausnahmeregelung nach Satz 1 Nr. 2 im Anhang anzugeben.

(4) Bei Gesellschaften, die keine börsennotierten Aktiengesellschaften sind, können die in **§ 285 Satz 1 Nr. 9 Buchstaben a und b** verlangten Angaben über die Gesamtbezüge der dort bezeichneten Personen unterbleiben, wenn sich anhand dieser Angaben die Bezüge eines Mitglieds dieser Organe feststellen lassen.

4.3 Checkliste für den Anhang der großen GmbH

Lfd. Nr.	Anhangangabe	Vorschrift	alternative Angabe in Bilanz/GuV, Lagebericht	Bemerkungen/ Hinweise (Sachverhalt nicht einschlägig, erledigt, noch offen, Anwendung Schutzklausel u. a.)
I. Allgemeine Angaben				
1.	Abweichungen von der Form der Darstellung, insbesondere der Gliederung der Bilanz, soweit in Ausnahmefällen wegen besonderer Umstände erforderlich ▶ Angabe und ▶ Begründung Abweichungen von der Form der Darstellung, insbesondere der Gliederung der Gewinn- und Verlustrechnung (GuV), soweit in Ausnahmefällen wegen besonderer Umstände erforderlich ▶ Angabe und ▶ Begründung	§ 265 Abs. 1 Satz 2 HGB	---	Die Angaben nach § 265 Abs. 1 Satz 2 HGB finden bei erstmaliger Anwendung der durch das Bilanzrechtsmodernisierungsgesetz (BilMoG) geänderten Vorschriften keine Anwendung (Art. 67 Abs. 8 HGB)
2.	Sind Beträge des vorhergehenden Geschäftsjahres in der Bilanz nicht vergleichbar ▶ Angabe und ▶ Erläuterung Sind Beträge des vorhergehenden Geschäftsjahres in der GuV nicht vergleichbar ▶ Angabe und ▶ Erläuterung	§ 265 Abs. 2 Satz 2 HGB	---	
3.	Anpassung von Vorjahresbeträgen in der Bilanz ▶ Angabe und ▶ Erläuterung Anpassung von Vorjahresbeträgen in der GuV ▶ Angabe und ▶ Erläuterung	§ 265 Abs. 2 Satz 3 HGB	---	
4.	Werden bei erstmaliger Anwendung der durch das BilMoG geänderten Vorschriften die Vorjahresbeträge nicht angepasst ▶ Hinweis	Art. 67 Abs. 8 EGHGB		
5.	Ergänzung der Gliederung des Jahresabschlusses bei mehreren vorhandenen Geschäftszweigen, die eine Ergänzung der Gliederung des Jahresabschlusses nach verschiedenen Gliederungsvorschriften bedingen ▶ Angabe und ▶ Begründung	§ 265 Abs. 4 Satz 2 HGB	---	
6.	Zulässiger zusammengefasster Ausweis der mit arabischen Zahlen versehenen Posten der Bilanz ▶ gesonderter Ausweis der zusammengefassten Posten	§ 265 Abs. 7 Nr. 2 HGB	---	

Lfd. Nr.	Anhangangabe	Vorschrift	alternative Angabe in Bilanz/GuV, Lagebericht	Bemerkungen/ Hinweise (Sachverhalt nicht einschlägig, erledigt, noch offen, Anwendung Schutzklausel u. a.)
	Zulässiger zusammengefasster Ausweis der mit arabischen Zahlen versehenen Posten der GuV ▶ gesonderter Ausweis der zusammengefassten Posten			
7.	Sofern besondere Umstände dazu führen, dass der Jahresabschluss kein den tatsächlichen Verhältnissen entsprechendes Bild gemäß § 264 Abs. 2 Satz 1 HGB vermittelt ▶ zusätzliche Angaben	§ 264 Abs. 2 Satz 2 HGB	---	
8.	Sofern die durch das BilMoG geänderten Vorschriften insgesamt freiwillig vorzeitig angewendet werden ▶ Angabe	Art. 66 Abs. 3 Satz 6 EGHGB	---	
II. Angaben zu Bilanzierungs- und Bewertungsmethoden				
9.	Auf die Posten der Bilanz angewendete Bilanzierungs- und Bewertungsmethoden ▶ Angabe Auf die Posten der GuV angewendete Bilanzierungs- und Bewertungsmethoden ▶ Angabe	§ 284 Abs. 2 Nr. 1 HGB	---	BilMoG: Neuformulierung der Angabe zur Anpassung an veränderte Bilanzierungs- und Bewertungsmethoden
10.	Abweichungen von im Vorjahr bei Posten der Bilanz angewendeten Bilanzierungs- und Bewertungsmethoden ▶ Angabe und ▶ Begründung Abweichungen von im Vorjahr bei Posten der GuV angewendeten Bilanzierungs- und Bewertungsmethoden ▶ Angabe und ▶ Begründung	§ 284 Abs. 2 Nr. 3 1. Halbsatz HGB	---	Die Angaben nach § 284 Abs. 2 Nr. 3 HGB finden bei erstmaliger Anwendung der durch das BilMoG geänderten Vorschriften keine Anwendung (Art. 67 Abs. 8 HGB)
11.	Einfluss der Abweichungen angewendeter Bilanzierungs- und Bewertungsmethoden bei Posten der Bilanz und/oder der GuV auf die Vermögens-, Finanz- und Ertragslage ▶ gesonderte Darstellung	§ 284 Abs. 2 Nr. 3 2. Halbsatz HGB	---	Die Angaben nach § 284 Abs. 2 Nr. 3 HGB finden bei erstmaliger Anwendung der durch das BilMoG geänderten Vorschriften keine Anwendung (Art. 67 Abs. 8 HGB)

4.3 Checkliste für den Anhang der großen GmbH

Lfd. Nr.	Anhangangabe	Vorschrift	alternative Angabe in Bilanz/GuV, Lagebericht	Bemerkungen/ Hinweise (Sachverhalt nicht einschlägig, erledigt, noch offen, Anwendung Schutzklausel u. a.)
12.	Grundlagen für die Währungsumrechnung in € (soweit der Jahresabschluss Posten enthält, denen Beträge zugrunde liegen, die auf fremde Währung lauten oder ursprünglich auf fremde Währung lauteten) ▶ Angabe	§ 284 Abs. 2 Nr. 2 HGB	---	
13.	Sofern gemäß § 254 HGB Bewertungseinheiten gebildet worden sind, Angabe ▶ mit welchem Betrag jeweils – Vermögensgegenstände, – Schulden, – Schwebende Geschäfte und – mit hoher Wahrscheinlichkeit vorgesehene Transaktionen ▶ zur Absicherung welcher Risiken ▶ in welche Arten von Bewertungseinheiten einbezogen sind sowie ▶ die Höhe der mit Bewertungseinheiten abgesicherten Risiken	§ 285 Nr. 23a) HGB	Lagebericht	
14.	Sofern gemäß § 254 HGB Bewertungseinheiten gebildet worden sind, Angabe ▶ für die jeweils abgesicherten Risiken – warum, – in welchem Umfang und – für welchen Zeitraum sich die gegenläufigen Wertänderungen oder Zahlungsströme künftig voraussichtlich ausgleichen ▶ Methoden der Effektivitätsmessung	§ 285 Nr. 23b) HGB	Lagebericht	
15.	Sofern gemäß § 254 HGB Bewertungseinheiten gebildet worden sind und darin mit hoher Wahrscheinlichkeit erwartete Transaktionen einbezogen wurden ▶ Erläuterung dieser Transaktionen	§ 285 Nr. 23c) HGB	Lagebericht	
16.	Erhebliche Unterschiedsbeträge bei Anwendung der Bewertungsmethode nach § 240 Abs. 4 HGB im Vergleich zu einer Bewertung mit dem letzten Börsenkurs oder Marktpreis ▶ Ausweis der Unterschiedsbeträge pauschal für die jeweilige Gruppe Erhebliche Unterschiedsbeträge bei Anwendung der Bewertungsmethode nach § 256 Satz 1 HGB im Vergleich zu einer Bewertung mit dem letzten Börsenkurs oder Marktpreis ▶ Ausweis der Unterschiedsbeträge pauschal für die jeweilige Gruppe	§ 284 Abs. 2 Nr. 4 HGB	---	

Lfd. Nr.	Anhangangabe	Vorschrift	alternative Angabe in Bilanz/GuV, Lagebericht	Bemerkungen/ Hinweise (Sachverhalt nicht einschlägig, erledigt, noch offen, Anwendung Schutzklausel u. a.)
17.	Einbeziehung von Zinsen für Fremdkapital in die Herstellungskosten von Vermögensgegenständen ▶ Angaben	§ 284 Abs. 2 Nr. 5 HGB	---	
III. Weitere Angaben zur Bilanz				
1. Aufgrund des BilMoG nur noch übergangsweise bilanzierbare Posten				
18.	Sofern Aufwendungen für die Ingangsetzung und Erweiterung des Geschäftsbetriebs aktiviert und fortgeführt werden ▶ Erläuterung des Postens	§ 269 Satz 1 HGB a. F. i. V. m. Art. 67 Abs. 5 Nr. 1 EGHGB	---	
19.	Sofern Sonderposten mit Rücklageanteil passiviert und beibehalten werden ▶ Angabe der Vorschriften, nach denen der Posten gebildet worden ist ▶ Angabe der im Posten „sonstige betriebliche Erträge" erfassten Erträge aus der Auflösung des Sonderposten mit Rücklageanteil	§§ 273 Satz 2, 281 Abs. 2 Satz 2 HGB a. F. i. V. m. Art. 67 Abs. 3 Nr. 1 EGHGB	Bilanz GuV	
2. Mehrere Posten betreffend				
20.	Mitzugehörigkeit von Vermögensgegenständen zu anderen Posten der Bilanz ▶ Angabe, wenn zur Klarheit und Übersichtlichkeit des Jahresabschlusses erforderlich ▶ Mitzugehörigkeit von Schulden zu anderen Posten der Bilanz ▶ Angabe, wenn zur Klarheit und Übersichtlichkeit des Jahresabschlusses erforderlich	§ 265 Abs. 3 Satz 1 HGB	Bilanz	
21.	Bei Verrechnung von Vermögensgegenständen und Schulden gemäß § 246 Abs. 2 Satz 2 HGB, Angabe ▶ Anschaffungskosten der verrechneten Vermögensgegenstände, ▶ Beizulegender Zeitwert der verrechneten Vermögensgegenstände, ▶ Grundlegende Annahmen, die der Bestimmung des beizulegenden Zeitwertes zugrunde gelegt wurden (sofern dieser mit Hilfe allgemein anerkannter Bewertungsmethoden ermittelt wurde), ▶ Erfüllungsbetrag der verrechneten Schulden, ▶ verrechnete Aufwendungen und ▶ verrechnete Erträge	§ 285 Nr. 25 HGB	---	

4.3 Checkliste für den Anhang der großen GmbH

Lfd. Nr.	Anhangangabe	Vorschrift	alternative Angabe in Bilanz/GuV, Lagebericht	Bemerkungen/ Hinweise (Sachverhalt nicht einschlägig, erledigt, noch offen, Anwendung Schutzklausel u. a.)
22.	Zu saldiert oder unsaldiert (aktivisch und passivisch) bilanzierten oder nicht bilanzierten latenten Steuern, Angabe ▸ auf welchen Differenzen die latenten Steuern beruhen oder auf welchen steuerlichen Verlustvorträgen die latenten Steuern beruhen und ▸ mit welchen Steuersätzen der latenten Steuern bewertet wurden	§ 285 Nr. 29 HGB	---	
23.	Werden selbst geschaffene immaterielle Vermögensgegenstände, latente Steuern und/oder Vermögensgegenstände zum beizulegenden Zeitwert aktiviert, Angabe ▸ Gesamtbetrag der i. S. d. § 268 Abs. 8 HGB ausschüttungsgesperrten Beträge ▸ Aufgliederung des Gesamtbetrags in ausschüttungsgesperrte Beträge aus der Aktivierung – selbst geschaffener immaterieller Vermögensgegenstände des Anlagevermögens – latenter Steuern – von Vermögensgegenständen zum beizulegenden Zeitwert	§ 285 Nr. 28 HGB	---	
3. Aktiva				
24.	Entwicklung der einzelnen Posten des Anlagevermögens ▸ Darstellung (Anlagespiegel)	§ 268 Abs. 2 Satz 1 HGB	Bilanz	BilMoG: Streichung des Postens „Aufwendungen für die Ingangsetzung und Erweiterung des Geschäftsbetriebs" aber mit Wahlrecht zur übergangsweisen Fortführung
25.	Bei Aktivierung selbst erstellter immaterieller Vermögensgegenstände des Anlagevermögens (§ 248 Abs. 2 HGB), Angabe: ▸ Gesamtbetrag der Forschungs- und Entwicklungskosten des Geschäftsjahres ▸ davon auf die Aktivierung entfallender Betrag	§ 285 Nr. 22 HGB	---	

Lfd. Nr.	Anhangangabe	Vorschrift	alternative Angabe in Bilanz/GuV, Lagebericht	Bemerkungen/ Hinweise (Sachverhalt nicht einschlägig, erledigt, noch offen, Anwendung Schutzklausel u. a.)
26.	Bei Aktivierung eines entgeltlich erworbenen Geschäfts- oder Firmenwertes (§ 246 Abs. 1 Satz 4 HGB) unter Annahme einer betrieblichen Nutzungsdauer von mehr als fünf Jahren ▶ Angabe rechtfertigender Gründe für die Länge der Nutzungsdauer	§ 285 Nr. 13 HGB	---	
27.	Ausleihungen gegenüber Gesellschaftern ▶ Angabe Bilanzausweis von „Ausleihungen gegenüber Gesellschaftern" unter anderen als diesem Posten ▶ Vermerk	§ 42 Abs. 3 GmbHG	Bilanz	
28.	Bei Anteilsbesitz von mindestens 20 % an einem anderen Unternehmen (Anteilseigner: Die GmbH oder eine für Rechnung der GmbH handelnde Person), Angabe: ▶ Name des im Anteilsbesitz stehenden Unternehmens ▶ Sitz des im Anteilsbesitz stehenden Unternehmens ▶ Höhe des Anteils am Kapital des im Anteilsbesitz stehenden Unternehmens (Ermittlung des Anteils in entsprechender Anwendung des § 16 Abs. 2 und 4 AktG) ▶ Eigenkapital des im Anteilsbesitz stehenden Unternehmens ▶ Jahresergebnis des im Anteilsbesitz stehenden Unternehmens für das letzte Geschäftsjahr, für das ein Jahresabschluss vorliegt	§ 285 Nr. 11 HGB	---	Schutzklausel nach § 286 Abs. 3 HGB beachten (siehe Anwendungshinweise zur Checkliste)
29.	Ist die GmbH bei anderen Unternehmen unbeschränkt haftender Gesellschafter, Angabe ▶ Name dieser Unternehmen ▶ Sitz dieser Unternehmen ▶ Rechtsform dieser Unternehmen	§ 285 Nr. 11a HGB	---	Schutzklausel nach § 286 Abs. 3 HGB beachten (siehe Anwendungshinweise zur Checkliste)
30.	Sofern unter den Finanzanlagen (§ 266 Abs. 2 A. III HGB) Finanzinstrumente erfasst sind, die über ihrem beizulegenden Zeitwert ausgewiesen werden, da eine außerplanmäßige Abschreibung nach § 253 Abs. 3 Satz 4 HGB unterblieben ist, Angabe ▶ Buchwert der einzelnen Vermögensgegenstände (Nr. 18a) und ▶ beizulegender Zeitwert der einzelnen Vermögensgegenstände (Nr. 18a) oder	§ 285 Nr. 18a) und b) HGB	---	

4.3 Checkliste für den Anhang der großen GmbH 149

Lfd. Nr.	Anhangangabe	Vorschrift	alternative Angabe in Bilanz/GuV, Lagebericht	Bemerkungen/ Hinweise (Sachverhalt nicht einschlägig, erledigt, noch offen, Anwendung Schutzklausel u. a.)
	▸ Buchwert angemessener Gruppierungen (Nr. 18a) und ▸ beizulegender Zeitwert angemessener Gruppierungen (Nr. 18a) sowie ▸ Gründe für die Unterlassung der Abschreibung (Nr. 18b) einschließlich der ▸ Anhaltspunkte, die darauf hindeuten, dass eine Wertminderung voraussichtlich nicht von Dauer ist (Nr. 18b)			
31.	Sofern derivative Finanzinstrumente bilanziert werden, die nicht zum beizulegenden Zeitwert bewertet sind, Angaben für jeder Kategorie ▸ Art der derivativen Finanzinstrumente (Nr. 19a) ▸ Umfang der derivativen Finanzinstrumente (Nr. 19a) ▸ beizulegender Zeitwert der derivativen Finanzinstrumente, soweit sich dieser nach § 255 Abs. 4 HGB verlässlich ermitteln lässt (Nr. 19b) ▸ zur Wertermittlung der derivativen Finanzinstrumente angewendete Bewertungsmethode (Nr. 19b) ▸ Buchwert der derivativen Finanzinstrumente (Nr. 19c) ▸ Bilanzposten, in denen der Buchwert der derivativen Finanzinstrumente erfasst ist (Nr. 19c) ▸ die Gründe dafür, warum der beizulegende Zeitwert nicht bestimmbar ist (Nr. 19d)	§ 285 Nr. 19a)-d) HGB	---	
32.	Werden Anteile oder Anlageaktien an inländischen Investmentvermögen i. S. d. § 1 InvG oder an vergleichbaren ausländischen Investmentanteilen i. S. d. § 2 Abs. 9 InvG jeweils von mehr als 10 % bilanziert, Angabe, jeweils aufgegliedert nach Anlagezielen ▸ Wert der inländischen Anteile oder Anlageaktien i. S. d. § 36 InvG ▸ Wert der ausländischen Anteile oder Anlageaktien i. S. d. § 36 InvG vergleichbarer ausländischer Vorschriften ▸ Differenz der Werte jeweils zum Buchwert der Anteile oder Anlageaktien ▸ für das Geschäftsjahr erfolgte Ausschüttung aus Anteilen oder Anlageaktien ▸ Beschränkungen in der Möglichkeit der täglichen Rückgabe der Anteile oder Anlageaktien	§ 285 Nr. 26 HGB	---	

Lfd. Nr.	Anhangangabe	Vorschrift	alternative Angabe in Bilanz/GuV, Lagebericht	Bemerkungen/ Hinweise (Sachverhalt nicht einschlägig, erledigt, noch offen, Anwendung Schutzklausel u. a.)
33.	▸ Gründe dafür, dass eine Abschreibung nach § 253 Abs. 3 Satz 4 HGB unterblieben ist ▸ Anhaltspunkte, die darauf hindeuten, dass die Wertminderung der Anteile oder Anlageaktien voraussichtlich nicht von Dauer ist Für gemäß § 340e Abs. 3 Satz 1 mit dem beizulegenden Zeitwert bewertete Finanzinstrumente, Angaben ▸ grundlegende Annahmen zur Bestimmung des beizulegenden Zeitwerts bei Anwendung allgemein anerkannter Bewertungsmethoden (Nr. 20a) ▸ Umfang jeder Kategorie derivativer Finanzinstrumente (Nr. 20b) ▸ Art jeder Kategorie derivativer Finanzinstrumente (Nr. 20b) ▸ Wesentliche Bedingungen für jede Kategorie derivativer Finanzinstrumente, die – die Höhe künftiger Zahlungsströme beeinflussen können (Nr. 20b) – den Zeitpunkt künftiger Zahlungsströme beeinflussen können (Nr. 20b) – die Sicherheit künftiger Zahlungsströme beeinflussen können (Nr. 20b)	§ 285 Nr. 20a) und b) HGB	---	
34.	Forderungen gegenüber Gesellschaftern ▸ Angabe Bilanzausweis von „Forderungen gegenüber Gesellschaftern" unter anderen als diesem Posten ▸ Vermerk	§ 42 Abs. 3 GmbHG	Bilanz	
35.	Sind unter dem Posten „sonstige Vermögensgegenstände" Beträge für Vermögensgegenstände ausgewiesen, die rechtlich erst nach dem Abschlussstichtag entstehen ▸ Erläuterung der Beträge, die einen größeren Umfang haben	§ 268 Abs. 4 Satz 2 HGB	---	
36.	Betrag des als aktiver Rechnungsabgrenzungsposten bilanzierten Disagios (§ 250 Abs. 3 HGB) ▸ Angabe	§ 268 Abs. 4 HGB	Bilanz	

4.3 Checkliste für den Anhang der großen GmbH

Lfd. Nr.	Anhangangabe	Vorschrift	alternative Angabe in Bilanz/GuV, Lagebericht	Bemerkungen/ Hinweise (Sachverhalt nicht einschlägig, erledigt, noch offen, Anwendung Schutzklausel u. a.)
4. Eigenkapital				
37.	Betrag des in andere Gewinnrücklagen eingestellten Eigenkapitalanteils von Wertaufholungen bei Vermögensgegenständen des Anlage- und Umlaufvermögens und von bei der steuerrechtlichen Gewinnermittlung gebildeten Passivposten, die nicht im Sonderposten mit Rücklageanteil ausgewiesen werden dürfen ▶ Angabe	§ 29 Abs. 4 Satz 2 GmbHG	Bilanz	
38.	Vorhandener Gewinn- oder Verlustvortrag bei Aufstellung der Bilanz unter Berücksichtigung der teilweisen Verwendung des Jahresergebnisses ▶ Angabe	§ 268 Abs. 1 Satz 2 2. Halbsatz HGB	Bilanz	
5. Rückstellungen				
39.	Nicht ausgewiesene Rückstellungen für laufende Pensionen oder Anwartschaften auf Pensionen aufgrund unmittelbarer Zusage bei Erwerb des Rechtsanspruchs vor dem 1. 1. 1987 („Altzusagen"), Angabe jeweils in einem Betrag ▶ nicht ausgewiesene Rückstellungen für laufende Pensionen ▶ nicht ausgewiesene Rückstellungen für Anwartschaften auf Pensionen	Art. 28 Abs. 2 Satz 1 EGHGB	---	
40.	Nicht ausgewiesene Rückstellungen für laufende Pensionen oder Anwartschaften auf Pensionen aufgrund mittelbarer Zusage sowie für ähnliche unmittelbare oder mittelbare Verpflichtungen, Angabe jeweils in einem Betrag ▶ nicht ausgewiesene Rückstellungen für laufende Pensionen ▶ nicht ausgewiesene Rückstellungen für Anwartschaften auf Pensionen ▶ nicht ausgewiesene Rückstellungen für ähnliche Verpflichtungen	Art. 28 Abs. 2 Satz 2 EGHGB	---	
41.	Unterdeckung bei durch das BilMoG geändert bewerteten Rückstellungen für laufende Pensionen oder Anwartschaften auf Pensionen, Angabe jeweils in einem Betrag ▶ nicht ausgewiesene Rückstellungen für laufende Pensionen und ▶ nicht ausgewiesene Rückstellungen für Anwartschaften auf Pensionen	Art. 67 Abs. 2 EGHGB	---	

Lfd. Nr.	Anhangangabe	Vorschrift	alternative Angabe in Bilanz/GuV, Lagebericht	Bemerkungen/ Hinweise (Sachverhalt nicht einschlägig, erledigt, noch offen, Anwendung Schutzklausel u. a.)
42.	Rückstellungen für Pensionen und ähnliche Verpflichtungen, Angabe ▶ angewandtes versicherungsmathematisches Berechnungsverfahren ▶ grundlegende Annahmen der Berechnung wie – Zinssatz, – erwartete Lohn- und Gehaltssteigerung, – zugrunde gelegte Sterbetafeln	§ 285 Nr. 24 HGB	---	
43.	Beibehaltung von Rückstellungen, die nach der durch das BilMoG geänderten Bewertung aufzulösen wären ▶ Angabe jeweils des Betrags der Überdotierung	Art. 67 Abs. 1 Satz 4 EGHGB	---	
44.	In der Bilanz unter dem Posten „sonstige Rückstellungen" nicht gesonderte Rückstellungen, wenn sie einen nicht unerheblichen Umfang haben ▶ Erläuterung	§ 285 Nr. 12 HGB	---	
6. Verbindlichkeiten				
45.	Verbindlichkeiten gegenüber Gesellschaftern ▶ Angabe Bilanzausweis von „Verbindlichkeiten gegenüber Gesellschaftern" unter anderen als diesem Posten ▶ Vermerk	§ 42 Abs. 3 GmbHG	Bilanz	
46.	Gesamtbetrag der Verbindlichkeiten mit einer Restlaufzeit von mehr als fünf Jahren ▶ Angabe ▶ Aufgliederung für jeden Posten nach dem vorgeschriebenen Gliederungsschema	§ 285 Nr. 1a) und Nr. 2 HGB	---	BilMoG: Streichung der hierbei bisher alternativ zulässigen Angabe in der Bilanz
47.	Sind Verbindlichkeiten durch Pfandrechte oder ähnliche Rechte gesichert, Angabe ▶ Gesamtbetrag der gesicherten Verbindlichkeiten ▶ Art der Sicherheiten ▶ Form der Sicherheiten ▶ Aufgliederung der Angaben für jeden Posten nach dem vorgeschriebenen Gliederungsschema	§ 285 Nr. 1b) und 2 HGB	---	BilMoG: Streichung der hierbei bisher alternativ zulässigen Angabe in der Bilanz
48.	Sind unter dem Posten „Verbindlichkeiten" Beträge für Verbindlichkeiten ausgewiesen, die rechtlich erst nach dem Abschlussstichtag entstehen ▶ Erläuterung der Beträge, die einen größeren Umfang haben	§ 268 Abs. 5 Satz 3 HGB	---	

4.3 Checkliste für den Anhang der großen GmbH

Lfd. Nr.	Anhangangabe	Vorschrift	alternative Angabe in Bilanz/GuV, Lagebericht	Bemerkungen/ Hinweise (Sachverhalt nicht einschlägig, erledigt, noch offen, Anwendung Schutzklausel u. a.)
IV. Weitere Angaben zur Gewinn- und Verlustrechnung				
49.	Soweit sich die Tätigkeitsbereiche und die geografisch bestimmten Märkte, in denen die GmbH ihre Umsatzerlöse erzielt, untereinander erheblich unterscheiden ▶ Aufgliederung der Umsatzerlöse nach Tätigkeitsbereichen und ▶ Aufgliederung der Umsatzerlöse nach geografisch bestimmten Märkten	§ 285 Nr. 4 HGB	--	Schutzklausel nach § 286 Abs. 2 HGB beachten (siehe Anwendungshinweise zur Checkliste)
50.	Bei Anwendung des Umsatzkostenverfahrens (§ 275 Abs. 3 HGB): Materialaufwand des Geschäftsjahres ▶ Angabe, gegliedert nach § 275 Abs. 2 Nr. 5 HGB	§ 285 Nr. 8a) HGB	---	
51.	Bei Anwendung des Umsatzkostenverfahrens (§ 275 Abs. 3 HGB): Personalaufwand des Geschäftsjahres ▶ Angabe, gegliedert nach § 275 Abs. 2 Nr. 6 HGB	§ 285 Nr. 8b) HGB	---	
52.	Abschreibungen des Geschäftsjahres ▶ Aufgliederung entsprechend der Gliederung des Anlagevermögens	§ 268 Abs. 2 Satz 3 HGB	Bilanz	
53.	Wurden bei Vermögensgegenständen des Anlagevermögens außerplanmäßige Abschreibungen vorgenommen (§ 253 Abs. 3 Satz 3 und 4 HGB) ▶ gesonderte Angabe	§ 277 Abs. 3 Satz 1 HGB	GuV	BilMoG: Beschränkung der Angabe auf außerplanmäßige Abschreibungen beim Anlagevermögen
54.	Wird der Posten „außerordentliche Erträge" ausgewiesen: Erläuterung, soweit für die Beurteilung der Ertragslage nicht von untergeordneter Bedeutung ▶ Betrag der außerordentlichen Erträge ▶ Art der außerordentlichen Erträge	§ 277 Abs. 4 Satz 2 HGB	---	BilMoG: Ausweis der Übergangseffekte unter den a. o. Posten (Art. 67 Abs. 7 EGHGB)
55.	Wird der Posten „außerordentliche Aufwendungen" ausgewiesen: Erläuterung, soweit für die Beurteilung der Ertragslage nicht von untergeordneter Bedeutung ▶ Betrag der außerordentlichen Aufwendungen ▶ Art der außerordentlichen Aufwendungen	§ 277 Abs. 4 Satz 2 HGB	---	BilMoG: Ausweis der Übergangseffekte unter den a. o. Posten (Art. 67 Abs. 7 EGHGB)

Lfd. Nr.	Anhangangabe	Vorschrift	alternative Angabe in Bilanz/GuV, Lagebericht	Bemerkungen/ Hinweise (Sachverhalt nicht einschlägig, erledigt, noch offen, Anwendung Schutzklausel u. a.)
56.	Sind Erträge einem anderen Geschäftsjahr zuzurechnen (periodenfremde Erträge): Erläuterung, soweit für die Beurteilung der Ertragslage von Bedeutung ▶ Betrag der periodenfremden Erträge ▶ Art der periodenfremden Erträge	§ 277 Abs. 4 Satz 3 HGB	---	BilMoG: Klarstellung, dass alle periodenfremden Erträge zu erläutern sind
57.	Sind Aufwendungen einem anderen Geschäftsjahr zuzurechnen (periodenfremde Aufwendungen): Erläuterung, soweit für die Beurteilung der Ertragslage von Bedeutung ▶ Betrag der periodenfremden Aufwendungen ▶ Art der periodenfremden Aufwendungen	§ 277 Abs. 4 Satz 3 HGB	---	BilMoG: Klarstellung, dass alle periodenfremden Aufwendungen zu erläutern sind
58.	Umfang, in dem die Steuern vom Einkommen und vom Ertrag das in der GuV ausgewiesene Ergebnis belasten, Angabe: ▶ Ertragsteuerbelastung auf das Ergebnis der gewöhnlichen Geschäftstätigkeit ▶ Ertragsteuerbelastung auf das außerordentliche Ergebnis	§ 285 Nr. 6 HGB	---	
V. Sonstige Angaben				
1. Arbeitnehmeranzahl				
59.	Durchschnittliche Zahl der während des Geschäftsjahrs beschäftigten Arbeitnehmer i. S. d. § 267 Abs. 5 HGB ▶ Angabe, getrennt nach Gruppen	§ 285 Nr. 7 HGB	---	
2. Organmitgliedschaften und bestimmte Geschäftsvorfälle mit Organmitgliedern				
60.	Für alle Mitglieder des Geschäftsführungsorgans, auch wenn sie im Geschäftsjahr oder später ausgeschieden sind, Angabe ▶ Familienname, ▶ mindestens ein ausgeschriebener Vorname, ▶ ausgeübter Beruf und ▶ vorsitzendes Mitglied des Geschäftsführungsorgans (mit gesonderter Bezeichnung)	§ 285 Nr. 10 HGB	---	
61.	Für alle Mitglieder eines fakultativ gebildeten Aufsichtsrates, auch wenn sie im Geschäftsjahr oder später ausgeschieden sind, Angabe ▶ Familienname, ▶ mindestens ein ausgeschriebener Vorname, ▶ ausgeübter Beruf, ▶ vorsitzendes Mitglied des Aufsichtsrates (mit gesonderter Bezeichnung) und ▶ stellvertretend vorsitzendes Mitglied des Aufsichtsrates (mit gesonderter Bezeichnung)	§ 285 Nr. 10 HGB	---	

4.3 Checkliste für den Anhang der großen GmbH

Lfd. Nr.	Anhangangabe	Vorschrift	alternative Angabe in Bilanz/GuV, Lagebericht	Bemerkungen/ Hinweise (Sachverhalt nicht einschlägig, erledigt, noch offen, Anwendung Schutzklausel u. a.)
62.	Für die Mitglieder des Geschäftsführungsorgans, Angabe ▶ gewährte Gesamtbezüge für die Tätigkeit des Geschäftsjahres (Zu den Bezügen gehören: Gehälter, Gewinnbeteiligungen, Aufwandsentschädigungen, Versicherungsentgelte, Provisionen, Nebenleistungen jeder Art sowie Bezüge, die nicht ausgezahlt, sondern in Ansprüche anderer Art umgewandelt oder zur Erhöhung anderer Ansprüche verwendet werden) ▶ Bezüge, die im Geschäftsjahr gewährt, aber bisher in keinem Jahresabschluss angegeben worden sind Für die Mitglieder eines fakultativ gebildeten Aufsichtsrats, Angabe ▶ gewährte Gesamtbezüge für die Tätigkeit des Geschäftsjahres (Inhalt s. o.) ▶ Bezüge, die im Geschäftsjahr gewährt, aber bisher in keinem Jahresabschluss angegeben worden sind Für die Mitglieder eines Beirats oder einer ähnlichen Einrichtung, Angabe ▶ gewährte Gesamtbezüge für die Tätigkeit des Geschäftsjahres (Inhalt s. o.) ▶ Bezüge, die im Geschäftsjahr gewährt, aber bisher in keinem Jahresabschluss angegeben worden sind	§ 285 Nr. 9a) HGB	---	Schutzklausel nach § 286 Abs. 4 HGB beachten (siehe Anwendungshinweise zur Checkliste)
63.	Für frühere Mitglieder des Geschäftsführungsorgans und ihrer Hinterbliebenen, Angabe ▶ Gesamtbezüge für das Geschäftsjahr (Zu den Bezügen gehören: Abfindungen, Ruhegehälter, Hinterbliebenenbezüge und Leistungen verwandter Art sowie Bezüge, die nicht ausgezahlt, sondern in Ansprüche anderer Art umgewandelt oder zur Erhöhung anderer Ansprüche verwendet werden) ▶ Bezüge, die im Geschäftsjahr gewährt, aber bisher in keinem Jahresabschluss angegeben worden sind Für frühere Mitglieder eines fakultativ gebildeten Aufsichtsrats und ihrer Hinterbliebenen, Angabe ▶ Gesamtbezüge für das Geschäftsjahr (Inhalt s. o.) ▶ Bezüge, die im Geschäftsjahr gewährt, aber bisher in keinem Jahresabschluss angegeben worden sind	§ 285 Nr. 9 b) Sätze 1 und 2 HGB		Schutzklausel nach § 286 Abs. 4 HGB beachten (siehe Anwendungshinweise zur Checkliste)

… 4. Checklisten für die Erstellung des Anhangs nach BilMoG

Lfd. Nr.	Anhangangabe	Vorschrift	alternative Angabe in Bilanz/GuV, Lagebericht	Bemerkungen/ Hinweise (Sachverhalt nicht einschlägig, erledigt, noch offen, Anwendung Schutzklausel u. a.)
64.	Für frühere Mitglieder eines Beirats oder einer ähnlichen Einrichtung und ihrer Hinterbliebnen, Angabe ▸ Gesamtbezüge für das Geschäftsjahr (Inhalt s. o.) ▸ Bezüge, die im Geschäftsjahr gewährt, aber bisher in keinem Jahresabschluss angegeben worden sind Bestehen Verpflichtungen aus laufenden Pensionen und Anwartschaften auf Pensionen zugunsten früherer Organmitglieder und ihren Hinterbliebenen, Angabe ▸ Betrag der dafür gebildeten Rückstellungen und ▸ Betrag der hierfür nicht gebildeten Rückstellungen	§ 285 Nr. 9b) Satz 3 HGB	---	
65.	Wurden Organmitgliedern Vorschüsse und/oder Kredite gewährt, Angabe ▸ Betrag der gewährten Vorschüsse ▸ Betrag der gewährten Kredite, ▸ Zinssätze, ▸ wesentliche Bedingungen für die Gewährung, ▸ im Geschäftsjahr zurückgezahlte Beträge (sofern einschlägig) ▸ zugunsten der Organmitglieder eingegangene Haftungsverhältnisse	§ 285 Nr. 9c) HGB	---	
3. Konzernbeziehungen				
66.	Mutterunternehmen der GmbH, das den Konzernabschluss für den größten Kreis von Unternehmen aufstellt, Angabe ▸ Name des Mutterunternehmens ▸ Sitz des Mutterunternehmens ▸ Ort der Hinterlegung des offen gelegten Konzernabschlusses (sofern einschlägig) Mutterunternehmen der GmbH, das den Konzernabschluss für den kleinsten Kreis von Unternehmen aufstellt, Angabe ▸ Name des Mutterunternehmens ▸ Sitz des Mutterunternehmens ▸ Ort der Hinterlegung des offen gelegten Konzernabschlusses (sofern einschlägig)	§ 285 Nr. 14 HGB	---	
67.	Soll die GmbH gemäß § 291 HGB durch die Konzernrechnungslegung des Mutterunternehmens von der Aufstellung eines Konzernabschlusses und Konzernlageberichts befreit werden, Angabe	§ 291 Abs. 2 Nr. 3 a)-c) HGB	---	

4.3 Checkliste für den Anhang der großen GmbH

Lfd. Nr.	Anhangangabe	Vorschrift	alternative Angabe in Bilanz/GuV, Lagebericht	Bemerkungen/ Hinweise (Sachverhalt nicht einschlägig, erledigt, noch offen, Anwendung Schutzklausel u. a.)
	▸ Name des Mutterunternehmens, das für den Konzern befreiend Rechnung legt, ▸ Sitz des Mutterunternehmens, das für den Konzern befreiend Rechnung legt, ▸ Hinweis auf die Befreiung von der eigenen Konzernrechnungslegung ▸ Erläuterung der im befreienden Konzernabschluss des Mutterunternehmens vom deutschen Recht abweichend angewandten Bilanzierungs-, Bewertungs- und Konsolidierungsmethoden (sofern einschlägig)			
4. Haftungsverhältnisse, sonstige finanzielle Verpflichtungen und außerbilanzielle Geschäfte				
68.	Haftungsverhältnisse i. S. d. § 251 HGB, jeweils Angabe mit gesonderter Angabe dafür gestellter Sicherheiten und der gegenüber verbundenen Unternehmen bestehenden Verpflichtungen ▸ Verbindlichkeiten aus der Begebung und Übertragung von Wechseln mit dafür gewährten Pfandrechten und sonstigen Sicherheiten davon gegenüber verbundenen Unternehmen ▸ Verbindlichkeiten aus Bürgschaften, Wechsel- und Scheckbürgschaften mit dafür gewährten Pfandrechten und sonstigen Sicherheiten davon gegenüber verbundenen Unternehmen ▸ Verbindlichkeiten aus Gewährleistungsverträgen mit dafür gewährten Pfandrechten und sonstigen Sicherheiten davon gegenüber verbundenen Unternehmen ▸ Haftungsverhältnisse aus der Bestellung von Sicherheiten für fremde Verbindlichkeiten mit dafür gewährten Pfandrechten und sonstigen Sicherheiten davon gegenüber verbundenen Unternehmen	§ 268 Abs. 7 1. Halbsatz HGB	unter der Bilanz	
69.	Für unter der Bilanz oder im Anhang ausgewiesene Verbindlichkeiten und Haftungsverhältnisse nach § 251 HGB, jeweils Angabe ▸ Gründe für die Einschätzung des Risikos der Inanspruchnahme aus den Verbindlichkeiten aus der Begebung und Übertragung von Wechseln ▸ Gründe für die Einschätzung des Risikos der Inanspruchnahme aus den Verbindlichkeiten aus Bürgschaften, Wechsel- und Scheckbürgschaften	§ 285 Nr. 27 HGB	---	

Lfd. Nr.	Anhangangabe	Vorschrift	alternative Angabe in Bilanz/GuV, Lagebericht	Bemerkungen/ Hinweise (Sachverhalt nicht einschlägig, erledigt, noch offen, Anwendung Schutzklausel u. a.)
	▸ Gründe für die Einschätzung des Risikos der Inanspruchnahme aus den Verbindlichkeiten aus Gewährleistungsverträgen ▸ Gründe für die Einschätzung des Risikos der Inanspruchnahme aus den Haftungsverhältnissen aus der Bestellung von Sicherheiten für fremde Verbindlichkeiten			
70.	Gesamtbetrag der sonstigen finanziellen Verpflichtungen, die nicht in der Bilanz erscheinen und nicht nach § 251 HGB oder § 285 Nr. 3 HGB anzugeben sind ▸ Angabe, sofern dies für die Beurteilung der Finanzlage von Bedeutung ist ▸ gesonderte Angabe des davon auf verbundene Unternehmen entfallenden Betrags	§ 285 Nr. 3a HGB	---	
71.	Wurden Geschäfte abgeschlossen, die nicht in der Bilanz enthalten sind, Angabe, soweit dies für die Beurteilung der Finanzlage notwendig ist: ▸ Art der Geschäfte ▸ Zweck der Geschäfte ▸ Risiken aus diesen Geschäften ▸ Vorteile der Geschäfte	§ 285 Nr. 3 HGB	---	
5. Geschäfte mit Nahe stehende Unternehmen und Personen				
72.	Sofern mit nahe stehenden Unternehmen und Personen, die keine mittel- oder unmittelbar in 100%igem Anteilsbesitz stehenden, in einen Konzernabschluss einbezogenen Unternehmen sind, Geschäfte abgeschlossen wurden, Angabe, zumindest ▸ zu marktunüblichen Bedingungen zustande gekommene Geschäfte (Zusammenfassung der Geschäfte nach Geschäftsarten möglich, sofern die getrennte Angabe für die Beurteilung der Auswirkungen auf die Finanzlage nicht notwendig ist), ▸ Art der nahe stehenden Beziehung zu dem jeweiligen Geschäftspartner, ▸ Wert der jeweiligen Geschäfte sowie ▸ weitere Angaben, die für die Beurteilung der Finanzlage notwendig sind Alternativangabe: Entsprechende Angaben für alle abgeschlossenen Geschäfte (und nicht nur für die zu marktunüblichen Bedingungen zustande gekommenen)	§ 285 Nr. 21 HGB	---	

4.3 Checkliste für den Anhang der großen GmbH

Lfd. Nr.	Anhangangabe	Vorschrift	alternative Angabe in Bilanz/GuV, Lagebericht	Bemerkungen/ Hinweise (Sachverhalt nicht einschlägig, erledigt, noch offen, Anwendung Schutzklausel u. a.)
6. Abschlussprüferhonorar				
73.	Vom Abschlussprüfer berechnetes Gesamthonorar, Angabe ▶ für das Geschäftsjahr berechnetes Gesamthonorar, ▶ aufgeschlüsselt in – Honorar für Abschlussprüfungsleistungen (Nr. 17a) – Honorar für andere Bestätigungsleistungen (Nr. 17b) – Honorar für Steuerberatungsleistungen(Nr. 17c) – Honorar für sonstige Leistungen (Nr. 17d)	§ 285 Nr. 17 HGB	---	Die Angaben entfallen, soweit sie in einem das Unternehmen einbeziehenden Konzernabschluss enthalten sind.

5. Zusammenfassung und Ausblick

Mit dem BilMoG wurden eine Vielzahl handelsrechtlicher Rechnungslegungsvorschriften im HGB und EGHGB geändert. Sie sind in ihrer Gesamtheit erstmals im Jahresabschluss für das nach dem 31. 12. 2009 beginnende Geschäftsjahr anzuwenden.

Von den Änderungen besonders betroffen sind auch die Vorschriften für den Anhang als Teil des Jahresabschlusses. Einige bisher bestehende Vorschriften wurden aufgehoben, in Einzelfällen allerdings mit Beibehaltungs- oder Fortführungswahlrechten versehen. Hauptsächlich weitete der Gesetzgeber die für den Anhang normierten Informationsanforderungen indes deutlich aus, um die Informationsfunktion des Jahresabschlusses zu stärken. In diesem Zuge wurden einige bisher bestehende Vorschriften inhaltlich neu gefasst und erweitert. Insbesondere aber wurden zahlreiche neue Vorschriften zur dauerhaften Anwendung in das HGB sowie mit übergangsweiser Anwendung in das EGHGB eingefügt. Große GmbH müssen sich aufgrund dessen beim Anhang auf mehr als dreißig gesetzlich geänderte Vorschriften einstellen; für kleine und mittelgroße GmbH gibt es Erleichterungen. Diese und auch die übrigen Änderungen durch das BilMoG werden bei der Anhangerstellung zudem inhaltliche Anpassungen auch bei gesetzlich unveränderten Angabepflichten erforderlich machen.

Die Neuerungen der beim Anhang zu beachtenden Angabeänderungen sind nicht nur zahlreich. Sie sind auch inhaltlich komplex und konkretisierungsbedürftig. Zu ihrer Konkretisierung geben die Gesetzesmaterialien, die Verlautbarungen von Standardsettern und das einschlägige Fachschrifttum wichtige Hinweise. Erste Praxisbeispiele zeigen Möglichkeiten der tatsächlichen Umsetzung in der Rechnungslegung. Alle diese Quellen wurden umfassend ausgewertet, die resultierenden Kernaspekte erläutert und mittels einer Vielzahl von (Praxis-)Beispielen und Musterformulierungen praxisgerecht veranschaulichlicht. Ergänzend wurden jeweils Checklisten für die Erstellung des Anhangs der kleinen, der mittelgroßen und der großen GmbH erarbeitet, in denen die neuen Vorschriften umfassend berücksichtigt sind.

Nichts desto trotz wird vor allem die Erstellung des ersten Anhangs nach den durch das BilMoG geänderten Vorschriften für bilanzierende Unternehmen gewisse Herausforderungen mit sich bringen. Sie müssen auch die ordnungsmäßige Ermittlung der in den Anhang aufzunehmenden zahlreichen neuen Informationen organisatorisch sicher stellen und die „hausinterne" Anwendung der neuen Vorschriften intensiv durchdenken.

Literaturverzeichnis

Hinweise:

Die nachfolgend angegebenen Publikationen wurden im Rahmen der Anfertigung dieses Buches ausgewertet. Zum BilMoG wurde eine Vielzahl von Publikationen verfasst. Daher kann die nachfolgende Aufstellung nicht alle verfassten, themenbezogenen Publikationen aufführen. Angesichts dessen ist hier mit der Nichtnennung von Publikationen zu den Neuerungen beim Anhang aufgrund des BilMoG auch kein Werturteil verbunden.

Redaktionsschluss war der 31. 8. 2010.

Der Stand aller bei Quellenangaben genannten Internetadressen bezieht sich auf den 31. 8. 2010.

AFRAC: Stellungnahme „Anhangangaben zu Geschäften mit nahe stehenden Unternehmen und Personen gemäß §§ 237 Z 8b und 266 Z 2b UGB", abrufbar unter http://www.afrac.at/download/AFRAC_related_Parties_Stellungnahme_Sept09.pdf.

AFRAC: Stellungnahme „Anhangangaben über außerbilanzielle Geschäfte gemäß §§ 237 Z 8a und 266 Z 2a UGB", abrufbar unter http://www.afrac.at/download/AFRAC_ausserbil_Geschaefte_Stellungnahme_Juni09.pdf.

ALTE LEIPZIGER Lebensversicherung auf Gegenseitigkeit, Oberursel/Taunus (Hrsg.): Geschäftsbericht 2009, abrufbar unter http://www.alte-leipziger.de/al_index/al_u_ueber_uns/al_u_ueu_geschaeftsberichte.htm.

AWISTA Gesellschaft für Abfallwirtschaft und Stadtreinigung mbH, Düsseldorf (Hrsg.): Jahresabschluss zum Geschäftsjahr vom 1. 1. 2009 bis zum 31.12.2009 und Lagebericht für das Geschäftsjahr 2009, abrufbar unter https://www.unternehmensregister.de/ureg/result.html;jsessionid=CA7837F301EFE4157F9B54B1521FF0E5.www02-?submitaction=showDocument&id=5580263.

Bayer AG, Leverkusen (Hrsg.): Geschäftsbericht 2009, abrufbar unter www.hv2010.bayer.de/de/jahresabschluss-2009-der-bayer-ag.pdfx.

Bundesrat, Stellungnahme vom 4. 7. 2008 zum BilMoG Reg-E, Anlage 3 zu BT-Drucksache 16/10067, S. 116-121.

Bundesregierung, Entwurf eines Gesetzes zur Modernisierung des Bilanzrechts (Bilanzrechtsmodernisierungsgesetz – BilMoG), BT-Druckssache 16/10067 vom 30. 7. 2008, abrufbar unter http://dip21.bundestag.de/dip21/btd/16/100/1610067.pdf.

Bundesregierung, Gegenäußerung zur Stellungnahme des Bundesrates vom 4. 7. 2008 zum BilMoG Reg-E, Anlage 4 zur BT-Drucksache 16/10067, S. 122-124.

Commerzbank AG, Frankfurt am Main (Hrsg.): Jahresabschluss und Lagebericht 2009, abrufbar unter https://www.commerzbank.de/media/de/aktionaere/service/archive/konzern/ 2010/AG- Bericht_2009.pdf.

DIHK und *BDI*: Stellungnahme vom 29. 8. 2008 zum BilMoG Reg-E, abrufbar unter http://webarchiv.bundestag.de/cgi/show.php?fileToLoad=1251&id=1134.

Dortmunder Energie- und Wasserversorgung GmbH, Dortmund (Hrsg.): Geschäftsbericht 2009, abrufbar unter http://www.dew21.de/Default.aspx/g/621/l/ 1031/r/-1/t/484882/on/484882/a/11/v/downloadmanager/ID/484898.

DRSC, Stellungnahme vom 8. 2. 2008 zum BilMoG Ref-E, abrufbar unter http://www.standardsetter.de/drsc/docs/press_releases/080208_DSR_BMJ_Ernst_erg aenzende_SN_BilMoG.pdf.

DRSC (Hrsg.): DRS 18, Latente Steuern, Beilage zum Bundesanzeiger Nr. 133/2010, in verabschiedeter Fassung auch abrufbar unter http://www.standardsetter.de/drsc/docs/press_releases/2010/DRS18_nearfinal_website.pdf.

Ellrott, H.: § 285 HGB, Sonstige Pflichtangaben, in: Beck'scher Bilanzkommentar, 7. Aufl., München 2009.

Ellrott, H./Rhiel, R.: § 249 HGB, Rückstellungen, in: Beck'scher Bilanzkommentar, 7. Aufl., München 2010.

Ernst, Ch./Seidler, H.: Kernpunkte des Referentenentwurfs eines Bilanzrechtsmodernisierungsgesetzes, in: BB 2007, S. 2557-2566.

Evonik Degussa GmbH, Essen (Hrsg.): Jahresabschluss zum 31. 12. 2009, abrufbar im Internet unter www.unternehmensregister.de.

Evonik Stockhausen GmbH, Krefeld (Hrsg.): Jahresabschluss zum 31. 12. 2009, abrufbar im Internet unter www.unternehmensregister.de.

Förschle, G./Usinger, R.: § 254 HGB, Bildung von Bewertungseinheiten, in: Beck'scher Bilanzkommentar, 7. Aufl., München 2010.

Literaturverzeichnis

GEA Group AG, Bochum (Hrsg.): Jahresabschluss 2009, abrufbar unter http://www.geagroup.com/de/ir/finanzberichte.html.

Gelhausen, H./Fey, G./Kämpfer, G.: Rechnungslegung und Prüfung nach dem Bilanzrechtsmodernisierungsgesetz, Düsseldorf 2009.

Gesetz zur Modernisierung des Bilanzrechts (Bilanzrechtsmodernisierungsgesetz – BilMoG), BGBl. 2009, Teil I Nr. 27, ausgegeben am 28. 5. 2009, S. 1102-1137, auch abrufbar unter http://www.bgbl.de/Xaver/start.xav?startbk=Bundesanzeiger_BGBl.

HALLESCHE Krankenversicherungsgesellschaft auf Gegenseitigkeit, Stuttgart (Hrsg.): Geschäftsbericht 2009, abrufbar unter http://www.hallesche.de/h_index/h_u_ueber_uns/h_u_ueu_geschaeftsbericht.htm.

Hennrichs, J.: Stellungnahme vom 11. 12. 2008 zum BilMoG Reg-E, abrufbar unter http://webarchiv.bundestag.de/cgi/show.php?fileToLoad=1251&id=1134.

Hoffmann, W.-D.: Eventualverbindlichkeiten, in: StuB 2009, S. 249-250.

Hoffmann, W.-D.: Der Anhang vor und nach dem BilMoG, in: BRZ 2009, S. 259-264.

Hoffmann, W.-D./Lüdenbach, N.: Inhaltliche Schwerpunkte des BilMoG-Regierungsentwurfs, in: DStR 2008, Beihefter zu Heft 30/2008, S. 49-69.

Hoffmann, W.-D./Lüdenbach, N.: Irrungen und Wirrungen in der Steuerlatenzrechnung nach dem BilMoG, in: NWB 2009, S. 1476-1483.

hotel.de AG, Nürnberg und Hamm (Hrsg.): Geschäftsbericht 2009 der hotel.de AG, abrufbar unter http://pb-eweb.vwd.de/GB/hotel.de%202009.pdf.

IDW, Stellungnahme vom 4.1.2008 zum BilMoG Ref-E, abrufbar unter http://www.idw.de/idw/portal/d425250/index.jsp.

IDW, Stellungnahme vom 26. 9. 2008 zum BilMoG Reg-E, abrufbar unter http://webarchiv.bundestag.de/cgi/show.php?fileToLoad=1251&id=1134.

IDW ERS HFA 13 n. F., Einzelfragen zum Übergang von wirtschaftlichem Eigentum und zur Gewinnrealisierung nach HGB, in: IDW Fachnachrichten 2007, S. 83-97.

IDW ERS HFA 27, Einzelfragen zur Bilanzierung latenter Steuern nach den Vorschriften des HGB in der Fassung des BilMoG, in: IDW Fachnachrichten 2009, S. 337-344.

IDW ERS HFA 30, Handelsrechtliche Bilanzierung von Altersversorgungsverpflichtungen, in: IDW Fachnachrichten 2009, S. 657-670.

IDW ERS HFA 32, Anhangangaben zu nicht in der Bilanz enthaltenen Geschäften, in: IDW Fachnachrichten 2009, S. 674-677.

IDW ERS HFA 33, Anhangangaben zu Geschäften mit nahe stehenden Unternehmen und Personen, in: IDW Fachnachrichten 2009, S. 678-683.

IDW ERS HFA 35, Handelsrechtliche Bilanzierung von Bewertungseinheiten, in: IDW Fachnachrichten 2010, S. 396-410.

IDW RS BFA 2, Bilanzierung von Finanzinstrumenten des Handelsbestands bei Kreditinstituten, in: IDW Fachnachrichten 2010, S. 154-166.

IDW RS HFA 36, Anhangangaben nach §§ 285 Nr. 17, 314 Abs. 1 Nr. 9 HGB über das Abschlussprüferhonorar, in: IDW Fachnachrichten 2010, S. 245-247.

INFO Gesellschaft für Informationssysteme AG, Hamburg (Hrsg.): Jahresabschluss 2009, abrufbar unter http://www.info-ag.de/internet/servlet/contentblob/45108/data/HGBEinzel abschluss2009.pdf.

init innovation in traffic systems AG, Karlsruhe (Hrsg.): Jahresabschluss init AG 2009, abrufbar unter *www.initag.de/share/ir/GB_QB/initAG_Einzelabschluss_2009_ de.pdf.*

Kessler, H./Leinen, M./Strickmann, M.: Handbuch BilMoG, 2.Aufl., Freiburg 2010.

Kopatschek, M./Struffert, R./Wolfgarten, W.: Bilanzielle Abbildung von Bewertungseinheiten nach BilMoG, Teil 2, in: KoR 2010, S. 328-333.

Lüdenbach, N.: Anhangangabe bei marktunüblichem Darlehen an zum Vorstand beförderten Arbeitnehmer, in: StuB 2010, S. 67-68.

Lüdenbach, N./Hoffmann, W.-D.: Die wichtigsten Änderungen der HGB-Rechnungslegung durch das BilMoG, in: StuB 2009, S. 287-316.

Niehus, R. J.: Berichterstattung über Geschäfte mit nahe stehenden natürlichen Personen nach dem BilMoG und dem Deutschen Corporate Governance Kodex, in: DB 2008, S. 2494-2496

Niehus, R. J.: Nahestehende Personen nach dem BilMoG, in: DStR 2008, S. 2280-2285.

OnVista AG, Köln (Hrsg.): Jahresabschluss der OnVista AG mit Lagebericht zum 31.12.2009 (nach HGB), abrufbar unter http://www.onvista-group.de/media/pdfs/finanzpublikationen/2009/Einzelabschluss_OnVista_AG_2009_HGB_final.pdf.

Philipps, H.: Rechnungslegung nach BilMoG, Wiesbaden 2010.

Philipps, H./Schöneberg, T.: Außerbilanzielle Geschäfte im Jahresabschluss, in: BBK 2010, S. 267-277.

Rechtsausschuss des Deutschen Bundestages, Beschlussempfehlung vom 24. 3. 2009 zum BilMoG Reg-E, BT-Drucksache 16/12407, abrufbar unter http://dipbt.bundestag.de/dip21/btd/16/124/1612407.pdf.

Richtlinie 2006/43/EG des Europäischen Parlaments und des Rates vom 17. 5. 2006 über Abschlussprüfungen von Jahresabschlüssen und konsolidierten Abschlüssen, zur Änderung der Richtlinien 78/660/EWG und 83/349/EWG des Rates und zur Aufhebung der Richtlinie 84/253/EWG des Rates (Text von Bedeutung für den EWR), Amtsblatt Nr. L 157 vom 9. 6. 2006, S. 87-107, abrufbar unter http://eur-lex.europa.eu/LexUriServ/LexUriServ.do?uri= OJ:L:2006:157:0087:0107:DE:PDF.

Richtlinie 2006/46/EG des Europäischen Parlaments und des Rates vom 14. 6. 2006 zur Änderung der Richtlinien des Rates 78/660/EWG über den Jahresabschluss von Gesellschaften bestimmter Rechtsformen, 83/349/EWG über den konsolidierten Abschluss, 86/635/EWG über den Jahresabschluss und den konsolidierten Abschluss von Banken und anderen Finanzinstituten und 91/674/EWG über den Jahresabschluss und den konsolidierten Abschluss von Versicherungsunternehmen (Text von Bedeutung für den EWR), Amtsblatt Nr. L 224 vom 16. 8. 2006 S. 0001-0007, abrufbar unter http://eurlex.europa.eu/LexUriServ/LexUriServ.do?uri=CELEX:32006L0046:DE:HTML.

Rimmelspacher, D./Fey, G.: Anhangangaben zu nahe stehenden Unternehmen und Personen nach dem BilMoG, in: WPg 2010, S. 180-192.

Santander Consumer Bank AG, Mönchengladbach (Hrsg.): Geschäftsbericht 2009, abrufbar unter http://www.santanderconsumer.de/media/pdf/gesch_ftsberichte/SCB_GB2009.pdf.

Scharpf, P./Schaber, M.: Bilanzierung von Bewertungseinheiten nach § 254 HGB-E (BilMoG), in: KoR 2008, S. 532-542.

Scharpf, P./Schaber, M. u. a.: Bilanzierung von Finanzinstrumenten des Handelsbestands bei Kreditinstituten – Erläuterung von IDW RS BFA 2 (Teil 2), in: WPg 2010, S. 501-506.

Schruff, L. (Hrsg.): Entwicklung der 4. EG-Richtlinie, Düsseldorf 1986.

SMT Scharf AG, Hamm (Hrsg.): Jahresfinanzbericht 2009, abrufbar unter http://smtscharf.com/cms/upload/IR_PDF/2010/Jahresfinanzbericht_2009_05032010_C.pdf.

Stadtwerke GmbH Bad Kreuznach, Bad Kreuznach (Hrsg.): Geschäftsbericht 2009, abrufbar unter www.stadtwerke-kh.de/.../Gesch_ftsbericht_2009_screen_ doppelseiten.pdf.

Theile, C.: Anhangangaben zu nahe stehenden Unternehmen und Personen, in: BBK 2010, S. 175-181.

VTB Bank (Deutschland) AG, Frankfurt am Main (Hrsg.): Geschäftsbericht 2009, abrufbar unter www.vtb.de/neptun/neptun.php/oktopus/download/280.

Wiechers, K.: Auswirkungen des BilMoG auf den Anhang, in: BBK 2009, S. 1220-1227.

Wollmert, P./Oser, P./Graupe, F.: Anhangangaben zu den Abschlussprüferhonoraren und zu marktunüblichen Geschäften nach BilMoG, in: StuB 2010, S. 123-130.

ZKA, Stellungnahme vom 18. 1. 2008 zum BilMoG Ref-E, abrufbar unter http://www.zka-online.de/uploads/media/080118_ZKA-Stn-BilMoG.pdf.

Stichwortverzeichnis

A

Abschlussprüferhonorar, Angaben 68, 81 ff.

– Begriff „Abschlussprüfer"

– für das Geschäftsjahr berechnet

– Formulierungsbeispiel

– Gesamthonorar

– größenabhängige Erleichterungen

– Konzernbedingte Erleichterungen

– Tätigkeitsbereiche

Aufwendungen für die Ingangsetzung und Erweiterung des Geschäftsbetriebs 127, 146

Ausschüttungsgesperrte Beträge, Angaben 53 ff.

– Ausschüttungssperrspiegel

– Ermittlungsbeispiel

– Formulierungsbeispiele

– Verwendungsreihenfolge

Außerbilanzielle Geschäfte, Angaben 64 f., 69

– Abgrenzung zu sonstige finanzielle Verpflichtungen

– Bilanzunwirksamkeit

– Begriff „Art"

– Begriff „Geschäfte"

– Begriff „notwendig"

– Begriff „Zweck"

– Formulierungsbeispiele

– größenabhängige Erleichterungen

– Prüfschema

– Risiken, Beispiele

– Vorteile, Beispiele

außerordentliche Aufwendungen 8

außerordentliche Erträge 8

B

Beizulegender Zeitwert, Angaben 32 f., 43

Bewertungseinheiten, Angaben 34 ff.

– abgesicherte Risiken

– antizipative

– Arten

– Darstellungsbeispiel

– Formulierungsbeispiele

– Lagebericht

– Wirksamkeit (Effektivität)

Bilanzierungs- und Bewertungsmethoden 7 f., 61 ff.

– Beschreibung, Neufassung

– Bewertungseinheiten

– Fertige und unfertige Erzeugnisse

– Fremdwährungsforderungen und -verbindlichkeiten

– Immaterielle Vermögensgegenstände des Anlagevermögens, selbst erstellte

- latente Steuern
- Rückstellungen
- Rückstellungen für Pensionen und ähnliche Verpflichtungen
- Verbindlichkeiten
- Verrechnung von Vermögensgegenständen und Schulden
- Übergangserleichterung

C

Checkliste zur Aufstellung des Anhangs
- kleine GmbH 107 ff.
- mittelgroße GmbH 121 ff.
- große GmbH 140 ff.

E

EGHGB 6 ff., 57 ff.

F

Finanzinstrumente, Angaben 32 ff., 66
- allgemein anerkannte Bewertungsmethoden
- beizulegender Zeitwert
- Formulierungsbeispiel
- wesentliche Bedingungen

Forschungs- und Entwicklungskosten, Angaben 67 f.
- Gesamtbetrag

- Entwicklungskosten, davon-Angabe
- Formulierungsbeispiel

G

Geschäfts- oder Firmenwert, Angaben 29 ff.
- faktisches Bewertungswahlrecht
- Formulierungsbeispiele
- Nutzungsdauer, Gründe
- steuerliche Nutzungsdauer

Größenabhängige Erleichterungen 22, 23 ff.

H

Haftungsverhältnisse, Angaben 50 ff.
- Formulierungsbeispiele
- Inanspruchnahmewahrscheinlichkeit
- Lagebericht

I

Immaterielle Vermögensgegenstände siehe Forschungs- und Entwicklungskosten

Investmentanteile, Angaben 47 ff.
- Anlageziele
- Darstellungsbeispiel
- Formulierungsbeispiele
- Konsolidierungssurrogat

K

Konzernbedingte Erleichterungen

- Abschlussprüferhonorar 84
- Geschäfte mit nahe stehenden Unternehmen und Personen 86

L

Lagebericht

- Bewertungseinheiten 37
- Haftungsverhältnisse 51

Latente Steuern, Angaben 99 ff.

- Formulierungsbeispiele
- Steuersatz
- Verlustvorträge
- Wertansatzdifferenzen
- Überleitungsrechnung

N

Nahe stehende Unternehmen und Personen, Angaben 86 ff.

- Art der Beziehung
- Begriff „Geschäfte"
- Begriff „nahe stehende Unternehmen und Personen"
- Darstellungsbeispiel
- Formulierungsbeispiele
- nicht marktübliche Bedingungen
- Konzernbedingte Erleichterungen
- Notwendigkeit weiterer Angaben
- Negativerklärung

- Verhältnis zu anderen Vorschriften
- Wert des Geschäfts
- Wesentlichkeit
- Zusammenfassung von Angaben

P

Pensionsrückstellungen, siehe Rückstellungen

Planvermögen siehe Zweckvermögen

R

Rückstellungen 57, 63

- Bilanzierungs- und Bewertungsmethoden
- Überdeckung

Rückstellungen, für Pensionen und ähnliche Verpflichtungen 39 ff.

- versicherungsmathematische Berechnungsverfahren
- Formulierungsbeispiele
- grundlegende Annahmen
- übergangsweise Angaben

S

Sonderposten mit Rücklageanteil 6, 62

U

Übergangsbedingte Angaben 24, 57 ff.

- außerordentliche Aufwendungen und Erträge

- Bilanzierungs- und Bewertungsmethoden
- erstmalige Anwendung
- Formulierungsbeispiele
- Rückstellungen
- Rückstellungen für Pensionen
- Vorjahreszahlen

V

Verbindlichkeiten 64

Verrechnung von Vermögensgegenständen und Schulden, Angaben 43 ff.
- Aktiv- und Passivposten
- Aufwendungen und Erträge
- beizulegender Zeitwert
- Formulierungsbeispiele

Vorjahreszahlen 7, 59

Z

Zeitliche Anwendung 3 f., 21 f.

Zweckvermögen 33, 43

NWB Fach-Modul 2

NWB Rechnungswesen

Darauf können Sie sich verlassen
Für mehr Sicherheit und Effizienz in Ihrem Arbeitsalltag

Alltagstauglich.
BBK bietet Ihnen genau das, was Rechnungswesen-Profis heute brauchen, um Risiken zu minimieren und typische Stolperfallen zu umgehen. Vom einzelnen Buchungssatz bis zur kompletten Bilanz. Alles leicht verständlich geschrieben, mit zahlreichen Tipps und passenden Arbeitshilfen in der NWB Datenbank.

Mit kostenloser Datenbank für PC und Handy.

Sieger des AKEP AWARD 2010:
NWB Mobile, die Datenbank für Ihr Smart- oder iPhone, jetzt mit Innovationspreis ausgezeichnet.

Hier anfordern: www.nwb.de/go/modul2

▶ **nwb** GUTE ANTWORT

NWB Kommentar

HGB-Bilanzierung nach BilMoG:
Dieser Kommentar begeistert.

Die 2. Auflage wurde inhaltlich um Prüfungsaspekte (§§ 316 bis 342e HGB) und um steuerbilanzielle Sondertatbestände erheblich und umfangreich erweitert.

Der NWB Kommentar Bilanzierung unter Berücksichtigung der Steuerbilanz ist ein Werk aus einem Guss. Von zwei anerkannten Praktikern geschrieben, besonders anwenderfreundlich durch unzählige Beispiele und Buchungssätze mit direkt einsetzbaren Lösungen sowie vielen nützlichen Querverweisen.

Das begeistert die Fachwelt:

„Ein Meisterwerk!"
Werner Siegle, Schorndorf

„Der Bilanzierungspraxis unbedingt zu empfehlen"
Dr. Andreas Haaker, Berlin

„Ein Werk aus einem Guss"
Prof. Dr. Carsten Theile, Bochum

„Ein Kommentar, den man gerne zur Hand nimmt"
Dipl.-Kfm. Hermann Sigle, Friedrichshafen

NWB Kommentar Bilanzierung
Hoffmann · Lüdenbach
2. Auflage. 2010. Gebunden. XXVI, 2.266 Seiten. € 198,-
ISBN 978-3-482-**59372**-7
◯ Online-Version inklusive

Online-Version inklusive
Im Buch: Freischaltcode für die digitale Ausgabe in der NWB Datenbank.

Bestellen Sie jetzt unter **www.nwb.de/go/Kommentar-Bilanzierung**

Unsere Preise verstehen sich inkl. MwSt. Bei Bestellungen von Endverbrauchern über den Verlag: Im Internet ab € 20,- versandkostenfrei, sonst zzgl. € 4,50 Versandkostenpauschale je Sendung.

NWB versendet Bücher, Zeitschriften und Briefe CO$_2$-neutral. Mehr über unseren Beitrag zum Umweltschutz unter www.nwb.de/go/nachhaltigkeit

▶ **nwb** GUTE ANTWORT